CARTA ENCÍCLICA
VERITATIS SPLENDOR
DO SUMO PONTÍFICE
JOÃO PAULO II
A TODOS OS BISPOS
DA IGREJA CATÓLICA
SOBRE ALGUMAS QUESTÕES
FUNDAMENTAIS
DO ENSINAMENTO MORAL
DA IGREJA

CARTA ENCÍCLICA
VERITATIS SPLENDOR
DO SUMO PONTÍFICE
JOÃO PAULO II
A TODOS OS BISPOS
DA IGREJA CATÓLICA
SOBRE ALGUMAS QUESTÕES
FUNDAMENTAIS
DO ENSINAMENTO MORAL
DA IGREJA

10ª edição – 2011
7ª reimpressão – 2024

Nenhuma parte desta obra poderá ser reproduzida ou transmitida por qualquer forma e/ou quaisquer meios (eletrônico ou mecânico, incluindo fotocópia e gravação) ou arquivada em qualquer sistema ou banco de dados sem permissão escrita da Editora. Direitos reservados.

Cadastre-se e receba nossas informações
paulinas.com.br
Telemarketing e SAC: 0800-7010081

Paulinas
Rua Dona Inácia Uchoa, 62
04110-020 – São Paulo – SP (Brasil)
📞 (11) 2125-3500
✉ editora@paulinas.com.br

© Pia Sociedade Filhas de São Paulo – São Paulo, 1993

Veneráveis Irmãos no Episcopado,
saúde e Bênção Apostólica!

O ESPLENDOR DA VERDADE brilha em todas as obras do Criador, particularmente no homem criado à imagem e semelhança de Deus (cf. *Gn* 1,26): a verdade ilumina a inteligência e modela a liberdade do homem, que, deste modo, é levado a conhecer e a amar o Senhor. Por isso, reza o salmista: «Fazei brilhar sobre nós, Senhor, a luz da vossa face» (*Sl* 4,7).

INTRODUÇÃO

JESUS CRISTO, LUZ VERDADEIRA QUE A TODO O HOMEM ILUMINA

1. Chamados à salvação pela fé em Jesus Cristo, «luz verdadeira que a todo o homem ilumina» (*Jo* 1,9), os homens tornam-se «luz no Senhor» e «filhos da luz» (*Ef* 5,8) e santificam-se pela «obediência à verdade» (*1Pd* 1,22).

Esta obediência nem sempre é fácil. Na seqüência daquele misterioso pecado de origem, cometido por instigação de Satanás, que é «mentiroso e pai da mentira» (*Jo* 8,44), o homem é continuamente tentado a desviar o seu olhar do Deus vivo e verdadeiro para o dirigir aos ídolos (cf. *1Ts*

1,9), trocando «a verdade de Deus pela mentira» (*Rm* 1,25); então também a sua capacidade para conhecer a verdade fica ofuscada, e enfraquecida a sua vontade para se submeter a ela. E assim, abandonando-se ao relativismo e ao ceticismo (cf. *Jo* 18,38), ele vai à procura de uma ilusória liberdade fora da própria verdade.

Mas nenhuma sombra de erro e de pecado pode eliminar totalmente do homem a luz de Deus Criador. Nas profundezas do seu coração, permanece sempre a nostalgia da verdade absoluta e a sede de chegar à plenitude do seu conhecimento. Prova-o, de modo eloqüente, a incansável pesquisa do homem em todas as áreas e setores. Demonstra-o ainda mais a sua busca do *sentido da vida*. O progresso da ciência e da técnica, esplêndido testemunho da capacidade da inteligência e da tenacidade dos homens, não dispensa a humanidade de pôr-se as questões religiosas últimas, mas antes, estimula-a a enfrentar as lutas mais dolorosas e decisivas, que são as do coração e da consciência moral.

2. Nenhum homem pode esquivar-se às perguntas fundamentais: *Que devo fazer? Como discernir o bem do mal?* A resposta somente é possível graças ao esplendor da verdade que brilha no íntimo do espírito humano, como atesta o salmista: «Muitos dizem: "Quem nos fará ver o bem?" Fazei brilhar sobre nós, Senhor, a luz da vossa face» (*Sl* 4,7).

A luz da face de Deus resplandece em toda a sua beleza no rosto de Jesus Cristo, «imagem do Deus invisível» (*Cl* 1,15), «resplendor da sua glória» (*Hb* 1,3), «cheio de graça e de verdade» (*Jo* 1,14): Ele é «o caminho, a verdade e a vida» (*Jo* 14,6). Por isso, a resposta decisiva a cada interrogação do homem, e particularmente às suas questões religiosas e morais, é dada por Jesus Cristo, mais, é o próprio Jesus Cristo, como lembra o Concílio Vaticano II: «Na realidade, o *mistério do homem só se esclarece verdadeiramente no mistério do Verbo Encarnado.* Efetivamente, Adão, o primeiro homem, era figura do que havia de vir, Cristo Senhor. Cristo, novo Adão, na mesma revelação do mistério do Pai e do seu amor, manifesta perfeitamente o homem ao próprio homem e descobre-lhe a sublimidade da sua vocação».[1]

Jesus Cristo, «luz dos povos», ilumina a face da sua Igreja, que ele envia pelo mundo inteiro a anunciar o Evangelho a toda criatura (cf. *Mc* 16,15).[2] Assim a Igreja, Povo de Deus no meio das nações,[3] ao mesmo tempo que permanece atenta aos novos desafios da história e aos esforços que os homens realizam na procura do sentido da vida, oferece a todos a resposta que provém da verdade de Jesus Cristo e do seu Evangelho. Na Igreja, permanece sempre viva a consciência do seu «dever de investigar a todo o momento os sinais dos

1. Const. past. sobre a Igreja no mundo contemporâneo *Gaudium et Spes*, 22.
2. Cf. CONC. ECUM. VAT. II, Const. dogm. sobre a Igreja *Lumen Gentium*, 1.
3. Cf. *ibid.*, 9.

tempos, e interpretá-los à luz do Evangelho, para que assim possa responder, de modo adaptado em cada geração, às eternas perguntas dos homens acerca do sentido da vida presente e da futura e da relação entre ambas».[4]

3. Os Pastores da Igreja, em comunhão com o Sucessor de Pedro, estão solidários com os fiéis neste esforço, acompanham e guiam-nos com o seu magistério, encontrando expressões sempre novas de amor e misericórdia para se dirigirem não só aos crentes, mas a todos os homens de boa vontade. O Concílio Vaticano II permanece um testemunho extraordinário desta atitude da Igreja que, «perita em humanidade»,[5] se põe a serviço de cada homem e do mundo inteiro.[6]

A Igreja sabe que a instância moral atinge em profundidade cada homem, compromete a todos, inclusive aqueles que não conhecem Cristo e o seu Evangelho, ou nem mesmo a Deus. Ela sabe que precisamente *sobre o caminho da vida moral se abre para todos a via da salvação,* como claramente o recordou o Concílio Vaticano II ao escrever: «Aqueles que ignorando sem culpa o Evangelho de Cristo, e a sua Igreja, procuram, contudo, a Deus com coração sincero, e se esforçam, sob o

4. CONC. ECUM. VAT. II, Const. past. sobre a Igreja no mundo contemporâneo *Gaudium et Spes*, 4.

5. PAULO VI, *Alocução* à Assembléia Geral das Nações Unidas (4 de Outubro de 1965), 1: *AAS* 57 (1965), 878; cf. Carta enc. *Populorum progressio* (26 de Março de 1967), 13: *AAS* 59 (1967), 263-264.

6. Cf. CONC. ECUM. VAT. II, Const. past. sobre a Igreja no mundo contemporâneo *Gudium et Spes*, 33.

influxo da graça, por cumprir a sua vontade, manifestada pelo ditame da consciência, também eles podem alcançar a salvação eterna». E acrescenta: «Nem a divina Providência nega os auxílios necessários à salvação àqueles que, sem culpa, não chegaram ainda ao conhecimento explícito de Deus e se esforçam, não sem o auxílio da graça, por levar uma vida reta. Tudo o que de bom e verdadeiro neles há, é considerado pela Igreja como preparação para receberem o Evangelho, dado por aquele que ilumina todos os homens, para que possuam finalmente a vida».[7]

O objeto da presente Encíclica

4.   Sempre, mas sobretudo ao longo dos dois últimos séculos, os Sumos Pontífices, quer pessoalmente quer em conjunto com o Colégio Episcopal, desenvolveram e propuseram um ensinamento moral relativo aos múltiplos e *diferentes âmbitos* da vida humana. Em nome e com a autoridade de Jesus Cristo, eles exortaram, denunciaram, explicaram; fiéis à sua missão, nas lutas a favor do homem, confirmaram, ampararam, consolaram; com a garantia da assistência do Espírito da verdade, contribuíram para uma melhor compreensão das exigências morais nos âmbitos da sexualidade humana, da família, da vida social, econômica e política. O seu ensinamento constitui um contínuo aprofundamento do conhecimento moral,

7. Const. dogm. sobre a Igreja *Lumen Gentium*, 16.

dentro da tradição da Igreja e da história da humanidade.[8]

Hoje, porém, parece *necessário refletir sobre o conjunto do ensinamento moral da Igreja*, com a finalidade concreta de evocar algumas verdades fundamentais da doutrina católica que, no atual contexto, correm o risco de serem deformadas ou negadas. De fato, formou-se *uma nova situação dentro da própria comunidade cristã*, que experimentou a difusão de múltiplas dúvidas e objeções de ordem humana e psicológica, social e cultural, religiosa e até mesmo teológica, a propósito dos ensinamentos morais da Igreja. Não se trata já de contestações parciais e ocasionais, mas de uma discussão global e sistemática do patrimônio moral, baseada sobre determinadas concepções antropológicas e éticas. Na sua raiz, está a influência, mais ou menos velada de correntes de pensamento que acabam por desarraigar a liberdade humana da sua relação essencial e constitutiva com a verdade. Rejeita-se, assim, a doutrina tradicional sobre a lei natural, sobre a universalidade e a permanente validade dos seus preceitos; consideram-se simplesmente inaceitáveis alguns ensinamentos morais da Igreja; pensa-se que o próprio Magistério possa intervir em matéria moral, somente para «exortar as consciências» e «pro-

8. Já Pio XII pusera em evidência este desenvolvimento doutrinal: cf. *Mensagem radiofônica* no cinqüentenário da Carta enc. *Rerum Novarum* de Leão XIII (1 de Junho de 1941): *AAS* 33 (1941), 195-205. Como também JOÃO XXIII, Carta enc. *Mater et Magistra* (15 de Maio de 1961): *AAS* 53 (1961), 410-413.

por os valores», nos quais depois cada um inspirará, de forma autônoma, as decisões e as escolhas da vida.

Em particular, deve-se ressaltar a discordância *entre a resposta tradicional da Igreja e algumas posições teológicas*, difundidas mesmo nos Seminários e Faculdades eclesiásticas, *sobre questões da máxima importância* para a Igreja e a vida de fé dos cristãos, bem como para a própria convivência humana. Em particular, pergunta-se: os mandamentos de Deus, que estão escritos no coração do homem e fazem parte da Aliança, têm verdadeiramente a capacidade de iluminar as opções cotidianas dos indivíduos e das sociedades inteiras? É possível obedecer a Deus e, portanto, amar a Deus e ao próximo, sem respeitar em todas as circunstâncias estes mandamentos? Generalizada se encontra também a opinião que põe em dúvida o nexo intrínseco e indivisível que une entre si a fé e a moral, como se a pertença à Igreja e a sua unidade interna se devesse decidir unicamente em relação à fé, ao passo que se poderia tolerar no âmbito moral um pluralismo de opiniões e de comportamentos, deixados ao juízo da consciência subjetiva individual ou à diversidade dos contextos sociais e culturais.

5.   Neste contexto, ainda agora atual, amadureceu em mim a decisão de escrever — como já anunciei na Carta apostólica *Spiritus Domini*, publicada no dia 1 de agosto de 1987, por ocasião do segun-

do centenário da morte de S. Afonso Maria de Ligório — uma Encíclica destinada a tratar «mais ampla e profundamente das questões relativas aos próprios fundamentos da teologia moral»,[9] fundamentos esses que são atacados por algumas tendências atuais.

Dirijo-me a vós, veneráveis Irmãos no Episcopado, que partilhais comigo a responsabilidade de guardar a «sã doutrina» (2Tm 4,3), com a intenção de *precisar alguns aspectos doutrinais que se revelam decisivos para debelar aquela que constitui, sem dúvida, uma verdadeira crise,* tão graves são as dificuldades que acarreta à vida moral dos fiéis e à comunhão da Igreja, bem como a uma convivência social justa e solidária.

Se esta Encíclica, há muito esperada, é publicada somente agora, é porque pareceu conveniente fazê-la preceder do *Catecismo da Igreja Católica,* que contém uma exposição completa e sistemática da doutrina moral cristã. O Catecismo apresenta a vida moral dos crentes, nos seus fundamentos e múltiplos conteúdos, como vida dos «filhos de Deus»: «Reconhecendo na fé a sua nova dignidade, os cristãos são chamados a levar desde agora, uma "vida digna do Evangelho de Cristo" (Fl 1,27). Pelos sacramentos e pela oração, recebem a graça de Cristo e os dons do seu Espírito, que disso os tornaram capazes».[10] Portanto, ao re-

---

9. Carta ap. *Spiritus Domini* (1 de Agosto de 1987): *AAS* 79 (1987), 1374.
10. *Catecismo da Igreja Católica*, n. 1692.

meter para o Catecismo «como texto de referência, seguro e autêntico, para o ensino da doutrina católica»,[11] a Encíclica limitar-se-á a afrontar *algumas questões fundamentais do ensinamento moral da Igreja,* sob a forma de um necessário discernimento sobre problemas controversos entre os estudiosos da ética e da teologia moral. Este é o objeto específico da atual Encíclica, que pretende expor, sobre os problemas em discussão, as razões de um ensinamento moral baseado na Sagrada Escritura e na viva Tradição apostólica,[12] pondo em evidência, ao mesmo tempo, os pressupostos e as conseqüências das contestações que atingem um tal ensinamento.

11. Const. ap. *Fidei Depositum* (11 de Outubro de 1992), 4.

12. Cf. CONC. ECUM. VAT. II, Const. dogm. sobre a Divina Revelação *Dei Verbum*, 10.

CAPÍTULO I

«MESTRE, QUE DEVO FAZER DE BOM...?»
(*Mt* 19,16)

JESUS CRISTO E A RESPOSTA À QUESTÃO MORAL

«Aproximou-se dele um jovem...» (*Mt* 19,16)

6.   O *diálogo de Jesus com o jovem rico,* narrado no capítulo 19 do Evangelho de S. Mateus, pode constituir uma válida pista para ouvir novamente, de um modo vivo e incisivo, *o seu ensinamento moral:* «Aproximou-se dele um jovem e disse-lhe: "Mestre, que devo fazer de bom para alcançar a vida eterna?". Jesus respondeu-lhe: "Por que me interrogas sobre o que é bom? Um só é bom. Mas se queres entrar na vida eterna, cumpre os mandamentos". "Quais?" — perguntou-lhe. Replicou Jesus: "Não matarás; não cometerás adultério; não roubarás; não levantarás falso testemunho; honra teu pai e tua mãe; e ainda, amarás o teu próximo como a ti mesmo". Disse-lhe o jovem: "Tenho cumprido tudo isto; que me falta ainda?" Disse-lhe Jesus: "Se queres ser perfeito, vai, vende tudo o que possuíres, dá o dinheiro aos pobres, e terás

um tesouro nos céus; depois, vem e segue-me"»
(*Mt* 19,16-21).[13]

7. «*Aproximou-se dele um jovem...*». No jovem,
que o Evangelho de Mateus deixa sem nome, podemos reconhecer *cada homem que*, consciente-
mente ou não, *se aproxima de Cristo, Redentor do
homem, e lhe coloca a questão moral*. Para o jovem, mais do que uma pergunta sobre as normas
a observar, trata-se de uma *questão de plenitude
de significado para a vida*. Esta é efetivamente a
aspiração que está no âmago de cada decisão e de
cada ação humana, a inquietude secreta e o impulso íntimo que move a liberdade. Esta pergunta
é, em última análise, um apelo ao Bem absoluto
que nos atrai e chama para si, é o eco de uma
vocação de Deus, origem e fim da vida do homem.
Precisamente nesta perspectiva, o Concílio Vaticano II convidou a aperfeiçoar a teologia moral de
modo que a sua exposição ilustre a sublime vocação que os fiéis receberam em Cristo,[14] única resposta que sacia plenamente o anseio do seu coração humano.

*Para que os homens possam realizar este «en-
contro» com Cristo, Deus quis a sua Igreja*. Ela, de
fato, «deseja servir esta única finalidade: que cada
homem possa encontrar Cristo, a fim de que Cris-

---

13. Cf. Carta ap. *Parati Semper* aos Jovens e às Jovens de todo o mundo por
ocasião do Ano Internacional da Juventude (31 de Março 1985), 2-8: *AAS* 77
(1985), 581-600.

14. Cf. Decr. sobre a formação sacerdotal *Optatam Totius*, 16.

to possa percorrer juntamente com cada homem o caminho da vida».[15]

«Mestre, que devo fazer de bom
para alcançar a vida eterna?» (Mt 19,16)

8.   Do fundo do coração surge a pergunta que o jovem rico dirige a Jesus de Nazaré, *uma pergunta essencial e irresistível na vida de cada homem:* refere-se, de fato, ao bem moral a praticar e à vida eterna. O interlocutor de Jesus intui que existe um nexo entre o bem moral e a plena realização do próprio destino. Trata-se de um piedoso israelita que cresceu, por assim dizer, à sombra da Lei do Senhor. Podemos imaginar que, se faz esta pergunta a Jesus, não é por ignorar a resposta contida na Lei. É mais provável que o fascínio da pessoa de Jesus tenha feito surgir nele novas interrogações acerca do bem moral. Sente a exigência de se confrontar com aquele que tinha começado a sua pregação com este novo e decisivo anúncio: «Completou-se o tempo e o Reino de Deus está perto: convertei-vos e crede no Evangelho» (Mc 1,15).

Impõe-se que o homem de hoje se volte novamente para Cristo, a fim de obter dele a resposta sobre o que é bem e o que é mal. Ele é o Mestre, o Ressuscitado que possui em si a vida e que sempre está presente na sua Igreja e no mundo. É ele

15. Cart. enc. *Redemptor Hominis* (4 de Março de 1979), 13: *AAS* 71 (1979), 282.

que desvenda aos fiéis o livro das Escrituras e, revelando plenamente a vontade do Pai, ensina a verdade sobre o agir moral. Cristo, fonte e vértice da economia da salvação, Alfa e Ômega da história humana (cf. *Ap* 1,8; 21,6; 22,13), revela a condição do homem e a sua vocação integral. Por isso, «o homem que quiser compreender-se a si mesmo profundamente — não apenas segundo imediatos, parciais, não raro superficiais e até mesmo só aparentes critérios e medidas do próprio ser — deve, com a sua inquietude, incerteza e também fraqueza e pecaminosidade, com a sua vida e com a sua morte, aproximar-se de Cristo. Deve, por assim dizer, entrar nele com tudo o que é em si mesmo, deve "apropriar-se" e assimilar toda a realidade da Encarnação e da Redenção, para se encontrar a si mesmo. Se no homem se atuar este processo profundo, então ele produz frutos, não somente de adoração de Deus, mas também de profunda maravilha perante si próprio».[16]

Se quisermos então penetrar no âmago da moral evangélica e identificar o seu conteúdo profundo e imutável, devemos procurar diligentemente o sentido da questão posta pelo jovem rico do Evangelho e, mais ainda, o sentido da resposta de Jesus, deixando-nos guiar por ele. De fato, Jesus, com delicado tato pedagógico, responde conduzindo o jovem quase pela mão, passo a passo, em direção à verdade plena.

16. *Ibid.*, 10: *l.c.*, 274.

«Um só é bom» (*Mt* 19,17)

9. Jesus diz: «Por que me interrogas sobre o que é bom? Um só é bom. Mas se queres entrar na vida eterna, cumpre os mandamentos» (*Mt* 19,17). Na versão dos evangelistas Marcos e Lucas, a pergunta aparece assim formulada: «Por que me chamas bom? Ninguém é bom, senão só Deus» (*Mc* 10,18; cf. *Lc* 18,19).

Antes de responder à pergunta, Jesus quer que o jovem se esclareça a si próprio sobre o motivo por que o interroga. O «bom Mestre» indica ao seu interlocutor — e a todos nós — que a resposta à questão «que devo fazer de bom para alcançar a vida eterna?», apenas pode ser encontrada dirigindo a mente e o coração para aquele que «só é bom»: «Ninguém é bom senão só Deus» (*Mc* 10,18; cf. *Lc* 18,19). *Só Deus pode responder à questão sobre o bem, porque ele é o Bem.*

Interrogar-se sobre o bem, com efeito, significa *dirigir-se em última análise a Deus,* plenitude da bondade. Jesus mostra que a pergunta do jovem é, na verdade, uma *pergunta religiosa,* e que a bondade que atrai e simultaneamente vincula o homem, tem a sua fonte em Deus, mais, é o próprio Deus, o único que é digno de ser amado «com todo o coração, com toda a alma e com toda a mente» (*Mt* 22,37), aquele que é a fonte da felicidade do homem. Jesus reconduz a questão da ação moralmente boa às suas raízes religiosas, ao reconhecimento de Deus, única bondade, plenitude da vida, termo último do agir humano, felicidade perfeita.

10. A Igreja, instruída pelas palavras do Mestre, crê que o homem, feito à imagem do Criador, redimido pelo sangue de Cristo e santificado pela presença do Espírito Santo, tem como *fim último* da sua vida *ser «para louvor da glória» de Deus* (cf. *Ef* 1,12), vivendo de modo que cada uma das suas ações irradie o seu esplendor. «Conhece-te, pois, a ti mesma, ó alma bela: tu és *a imagem de Deus* — escreve S. Ambrósio —. Conhece-te a ti mesmo, ó homem: tu és a glória de Deus (*1Cor* 11,7). Escuta de que modo és a sua glória. Diz o profeta: *Admirável se tornou a vossa ciência que irradia de mim* (*Sl* 138,6), ou seja: nas minhas obras, a vossa majestade é mais admirável, a vossa sabedoria é exaltada na mente do homem. Ao debruçar-me sobre mim mesmo, que vós perscrutais até nos pensamentos secretos e nos íntimos sentimentos, eu reconheço os mistérios da vossa ciência. Conhece-te, pois, a ti mesmo, ó homem, quão grande és, e vigia sobre ti...».[17]

Aquilo que o homem é e deve fazer, manifesta-se no momento em que Deus se revela a si próprio. O Decálogo, com efeito, baseia-se sobre estas palavras: «Eu sou o Senhor, teu Deus, que te fiz sair do Egito, de uma casa de escravidão. Não terás outro deus além de mim» (*Ex* 20,2-3). Nas «dez palavras» da Aliança com Israel e em toda a Lei, Deus dá-se a conhecer e identifica-se como aquele que «só é bom»; como aquele que, não obstante o

17. *Exameron*, dies VI, sermo IX, 8, 50: *CSEL* 32, 241.

pecado do homem, continua sendo o «modelo» do agir moral, conforme o seu próprio apelo: «Sede santos, porque eu, o Senhor, vosso Deus, sou santo» (*Lv* 19,2); como aquele que, fiel ao seu amor pelo homem, lhe dá a sua Lei (cf. *Ex* 19,9-24; 20,18-21), para restabelecer a harmonia original com o Criador e com toda a criação, e mais ainda, para introduzi-lo no seu amor: «Caminharei no meio de vós, serei o vosso Deus, e vós sereis o meu povo» (*Lv* 26,12).

A vida moral apresenta-se como a resposta devida às iniciativas gratuitas que o amor de Deus multiplica em favor do homem. É uma *resposta de amor,* segundo o enunciado que o *Deuteronômio* faz do mandamento fundamental: «Escuta, ó Israel! O Senhor, nosso Deus, é o único Senhor! Amarás ao Senhor, teu Deus, com todo o teu coração, com toda a tua alma e com todas as tuas forças. Estes mandamentos que hoje te imponho serão gravados no teu coração. Ensiná-los-ás aos teus filhos» (*Dt* 6,4-7). Assim a vida moral, implicada na gratuidade do amor de Deus, é chamada a refletir a sua glória: «Para quem ama a Deus, basta-lhe agradar aquele que ama, uma vez que não se deve procurar qualquer outra recompensa maior do que o próprio amor; a caridade, de fato, provém de Deus de um modo tal que o próprio Deus é caridade».[18]

---

18. S. LEÃO MAGNO, *Sermo XCII,* cap. III: *PL* 54, 454.

11. A afirmação de que «um só é bom» reconduz-nos assim à «primeira tábua» dos mandamentos, que convida a reconhecer Deus como Senhor único e absoluto e só a ele prestar culto, por causa da sua santidade infinita (cf. *Ex* 20,2-11). O *bem consiste em pertencer a Deus, obedecer-lhe,* caminhar humildemente com ele, praticando a justiça e amando a piedade (cf. *Mq* 6,8). *Reconhecer o Senhor como Deus é o núcleo fundamental, o coração da Lei,* do qual derivam e para o qual se ordenam os preceitos particulares. É através da moral dos mandamentos que se manifesta a pertença do povo de Israel ao Senhor, porque só Deus é aquele que é bom. Este é o testemunho da Sagrada Escritura, permeada, em cada uma das suas páginas, pela viva percepção da absoluta santidade de Deus: «Santo, Santo, Santo é o Senhor dos exércitos» (*Is* 6,3).

Mas, se só Deus é o Bem, nenhum esforço humano, nem sequer a observância mais rigorosa dos mandamentos, consegue «cumprir» a Lei, isto é, reconhecer o Senhor como Deus e prestar-lhe a adoração que só a ele é devida (cf. *Mt* 4,10). O *«cumprimento» pode vir apenas de um dom de Deus:* é a oferta de uma participação na bondade divina que se revela e comunica em Jesus, aquele a quem o jovem rico designa com os termos «bom Mestre» (*Mc* 10,17; *Lc* 18,18). Aquilo que por agora o jovem talvez consegue somente intuir, ser-lhe-á no fim plenamente revelado pelo próprio Jesus no convite: «Vem e segue-me» (*Mt* 19,21).

«Se queres entrar na vida eterna,
cumpre os mandamentos» (*Mt* 19,17)

12. Só Deus pode responder à pergunta sobre o bem, porque ele é o Bem. Mas Deus respondeu já a esta pergunta: fê-lo, *criando o homem e ordenando-o* com sabedoria e amor ao seu fim, mediante a lei inscrita no seu coração (cf. *Rm* 2,15), a «lei natural». Esta «não é mais do que a luz da inteligência infundida por Deus em nós. Graças a ela, conhecemos o que se deve cumprir e o que se deve evitar. Esta luz e esta lei, Deus a concedeu na criação».[19] Fê-lo, depois, *na história de Israel,* particularmente com as «dez palavras», ou seja, os *mandamentos do Sinai,* pelos quais ele fundou a existência do povo da Aliança (cf. *Ex* 24) e chamou-o a ser sua «propriedade entre todos os povos», «uma nação santa» (*Ex* 19,5-6), que fizesse resplandecer a sua santidade no meio de todas as nações (cf. *Sb* 18,4; *Ez* 20,41). O dom do Decálogo é promessa e sinal da *Nova Aliança,* quando a lei for nova e definitivamente escrita no coração do homem (cf. *Jr* 31,31-34), substituindo a lei do pecado, que aquele coração tinha deturpado (cf. *Jr* 17,1). Então será dado «um coração novo», porque nele habitará «um espírito novo», o Espírito de Deus (cf. *Ez* 36,24-28).[20]

19. S. TOMÁS DE AQUINO, *In duo praecepta caritatis et in decem legis praecepta. Prologus: Opuscula theologica,* II, n. 1129, Ed. Taurinens. (1954), 245; cf. *Summa Theologiae,* I-II, q. 91, a 2; *Catecismo da Igreja Católica,* n. 1955.

20. Cf. S. MÁXIMO CONFESSOR, *Quaestiones ad Thalassium,* Q. 64: *PG* 90, 723-728.

Por isso, depois do importante esclarecimento «Um só é bom», Jesus responde ao jovem: «Se queres entrar na vida eterna, guarda os mandamentos» (*Mt* 19,17). Deste modo, enuncia-se *uma estreita relação entre a vida eterna e a obediência aos mandamentos de Deus:* são estes que indicam ao homem o caminho da vida e a ela conduzem. Pela boca de Jesus, novo Moisés, são entregues novamente aos homens os mandamentos do Decálogo; ele mesmo os confirma definitivamente e no-los propõe como caminho e condição de salvação. *O mandamento está unido a uma promessa:* o objeto da promessa, na Antiga Aliança, era a posse de uma terra onde o povo poderia viver uma existência em liberdade e conforme à justiça (cf. *Dt* 6,20-25); na Nova Aliança, o objeto da promessa é o «reino dos céus», como Jesus afirma ao início do «Discurso da Montanha» — discurso que contém a formulação mais ampla e completa da Nova Lei (cf. *Mt* 5-7) —, em conexão evidente com o Decálogo confiado por Deus a Moisés no monte Sinai. A realidade mesma do Reino se refere a expressão «vida eterna», que é participação na própria vida de Deus: só depois da morte se realizará em toda a sua perfeição, mas, pela fé, ela já é agora luz de verdade, fonte de sentido para a vida, participação inicial da sua plenitude no seguimento de Cristo. De fato, Jesus diz aos discípulos, depois do encontro com o jovem rico: «Todo aquele que tiver deixado casas, irmãos, irmãs, pai, mãe, mulher, filhos ou terras por causa do meu nome, receberá cem vezes mais e terá por herança a vida eterna» (*Mt* 19,29).

13. A resposta de Jesus não basta ao jovem, que insiste interrogando o Mestre sobre os mandamentos a observar: «"Quais?" — perguntou ele» (*Mt* 19,18). Pede o que deve fazer na vida para pôr em evidência o reconhecimento da santidade de Deus. Depois de ter orientado o olhar do jovem para Deus, Jesus lembra-lhe os mandamentos do Decálogo que se referem ao próximo: «Replicou Jesus: "Não matarás; não cometerás adultério; não roubarás; não levantarás falso testemunho; honra teu pai e tua mãe; e ainda, amarás o teu próximo como a ti mesmo"» (*Mt* 19,18-19).

Pelo contexto do diálogo e especialmente pela comparação do texto de Mateus com as passagens paralelas de Marcos e de Lucas, vê-se que Jesus não pretende enumerar todos e cada um dos mandamentos necessários para «entrar na vida», mas sobretudo, remeter o jovem para a *«centralidade» do Decálogo* relativamente a qualquer outro preceito, como interpretação daquilo que significa para o homem «eu sou o Senhor, teu Deus». De qualquer modo, não podem escapar à nossa atenção os mandamentos da Lei que o Senhor Jesus lembra ao jovem: são alguns que pertencem à designada «segunda Tábua» do Decálogo, cujo resumo (cf. *Rm* 13,8-10) e fundamento é *o mandamento do amor ao próximo:* «Ama o teu próximo como a ti mesmo» (*Mt* 19,19; cf. *Mc* 12,31). Neste mandamento, exprime-se precisamente *a singular dignidade da pessoa humana,* que é «a única criatura na terra a ser querida por Deus por si mesma».[21] De fato, os diversos mandamentos do Decálogo não são mais do que a refração do único mandamento referente ao bem da pessoal ao nível dos múltiplos bens que revelam a sua identidade de ser espiritual e corpóreo, em relação com Deus, com o próximo e com o mundo das coisas. Como lemos no *Catecismo da Igreja Católica,* «os Dez Mandamentos fazem parte da revelação de Deus. Mas, ao mesmo tempo, ensinam-nos a verdadeira humanidade do homem. Põem em relevo os deveres essenciais e, por conseguinte, indiretamente, os direitos fundamentais inerentes à natureza da pessoa humana».[22]

Os mandamentos, lembrados por Jesus ao jovem interlocutor, destinam-se a tutelar o *bem* da pessoal imagem de Deus, mediante a proteção dos seus *bens.* «Não matarás, não cometerás adultério, não roubarás, não levantarás falso testemunho» são normas morais formuladas em termos de proibição. Os preceitos negativos exprimem, com uma força particular, a exigência irreprimível de proteger a vida humana, a comunhão das pessoas no matrimônio, a propriedade privada, a veracidade e a boa fama.

---

21. CONC. ECUM. VAT. II, Const. past. sobre a Igreja no mundo contemporâneo *Gudium et Spes,* 24.

22. *Catecismo da Igreja Católica,* n. 2070.

Os mandamentos representam, portanto, a condição básica para o amor ao próximo; e são, ao mesmo tempo, a sua confirmação. Constituem a *primeira etapa necessária no caminho para a liberdade,* o seu início: «A primeira liberdade — escreve S. Agostinho — consiste em estar isento de crimes (...) como seja o homicídio, o adultério, a fornicação, o furto, a fraude, o sacrilégio e assim por diante. Quando alguém principia a não ter estes crimes (e nenhum cristão os deve ter), começa a levantar a cabeça para a liberdade, mas isto é apenas o início da liberdade, não a liberdade perfeita...».[23]

14.   Certamente isto não significa que Jesus queira dar precedência ao amor do próximo ou até separá-lo do amor de Deus. Testemunha-o o seu diálogo com o doutor da Lei: a este, que faz uma pergunta muito semelhante à do jovem, Jesus recorda-lhe *os dois mandamentos do amor de Deus e do amor do próximo* (cf. *Lc* 10,25-27), e lembra-lhe que somente o seu cumprimento conduz à vida eterna: «Faze isso e viverás» (*Lc* 10,28). No entanto, é significativo que seja precisamente o segundo destes mandamentos a suscitar a curiosidade e a pergunta do doutor da Lei: «E quem é o meu próximo?» (*Lc* 10,29). O Mestre responde com a parábola do bom Samaritano, a parábola-chave para a plena compreensão do mandamento do amor ao próximo (cf. *Lc* 10,30-37).

23. *In Iohannis Evangelium Tractatus,* 41, 10: *CCL* 36, 363.

Os dois mandamentos, de que «depende toda a Lei e os Profetas» (*Mt* 22,40), estão profundamente unidos entre si e compenetram-se reciprocamente. A *sua unidade indivisível* é testemunhada por Jesus com as palavras e a vida: a sua missão culmina na Cruz que redime (cf. *Jo* 3,14-15), sinal do seu amor indiviso ao Pai e à humanidade (cf. *Jo* 13,1) .

Tanto o Antigo como o Novo Testamento afirmam explicitamente que *sem o amor ao próximo,* concretizado na observância dos mandamentos, *não é possível o autêntico amor a Deus.* S. João escreve-o com um vigor extraordinário: «Se alguém disser: "Eu amo a Deus", mas odiar a seu irmão, é mentiroso, pois quem não ama a seu irmão, ao qual vê, como pode amar a Deus, que não vê?» (*1Jo* 4,20). O evangelista faz-se eco da pregação moral de Cristo, expressa de um modo admirável e inequívoco na parábola do bom Samaritano (cf. *Lc* 10,30-37) e no «discurso» do juízo final (cf. *Mt* 25,31-46).

15.   No «Discurso da Montanha» que constitui a *magna carta* da moral evangélica,[24] Jesus diz: «Não penseis que vim revogar a Lei ou os Profetas; não vim revogá-la, mas completá-la» (*Mt* 5,17). Cristo é a chave das Escrituras: «Vós esquadrinhais as Escrituras: elas dão testemunho de mim» (cf. *Jo* 5,39); é o centro da economia da salvação, a recapitulação do Antigo e do Novo Testamento, das

---

24. Cf. S. AGOSTINHO, *De Sermone Domini in Monte*, I, 1, 1: *CCL* 35, 1-2.

promessas da Lei e do seu cumprimento no Evangelho; é o elo vivo e eterno entre a Antiga e a Nova Aliança. Ao comentar a afirmação de Paulo «o termo da lei é Cristo» (*Rm* 10,4), S. Ambrósio escreve: «Fim, não enquanto carência, mas como plenitude da lei: esta realiza-se em Cristo *(plenitudo legis in Christo est)*, uma vez que ele veio, não para abrogar a lei, mas para levá-la a cumprimento. Da mesma forma que há um Antigo Testamento, mas a verdade total está contida dentro do Novo Testamento, assim se dá com a lei: aquela que foi dada através de Moisés é figura da verdadeira lei. Portanto, a lei mosaica é cópia da verdade».[25]

Jesus leva a cumprimento os mandamentos de Deus, nomeadamente o mandamento do amor ao próximo, *interiorizando e radicalizando as suas exigências:* o amor ao próximo nasce de *um coração que ama,* e, precisamente porque ama, está disposto a viver *as mais elevadas exigências.* Jesus mostra que os mandamentos não devem ser entendidos como um limite mínimo a não ultrapassar, mas antes, como uma estrada aberta para um caminho moral e espiritual de perfeição, cuja alma é o amor (cf. *Cl* 3,14). Assim o mandamento «Não matarás» torna-se o apelo a um amor solícito que tutela e promove a vida do próximo; o preceito que proíbe o adultério torna-se o convite a

25. *In Psalmum CXVIII Expositio*, sermo 18, 37: *PL* 15, 1541; Cf. S. CROMÁCIO DE AQUILEIA, *Tractatus in Matthaeum*, XX, *I*, 1-4: *CCL* 9/A, 291-292.

um olhar puro, capaz de respeitar o significado esponsal do corpo: «Ouvistes que foi dito aos antigos: *Não matarás,* aquele que matar está sujeito a ser condenado. *Eu, porém, digo-vos:* Quem se irritar contra o seu irmão será réu perante o tribunal (...) Ouvistes que foi dito: *Não cometerás adultério, eu, porém, digo-vos* que todo aquele que olhar para uma mulher, desejando-a, já cometeu adultério com ela no seu coração» (*Mt* 5,21-22.27-28). *O próprio Jesus é o «cumprimento» vivo da Lei,* visto que ele realiza o seu significado autêntico com o dom total de si: *ele mesmo se torna Lei viva e pessoal* que convida ao seu seguimento, dá, mediante o Espírito, a graça de partilhar a sua própria vida e amor, e oferece a força para o testemunhar nas opções e nas obras (cf. *Jo* 13,34-35).

«Se queres ser perfeito» (*Mt* 19,21)

16.   A resposta sobre os mandamentos não satisfaz o jovem, que pergunta a Jesus: «Tenho cumprido tudo isto; *que me falta ainda?»* (*Mt* 19,20). Não é fácil dizer em sã consciência: «tenho cumprido tudo isto», quando se começa a compreender o alcance efetivo das exigências contidas na Lei de Deus. E contudo, mesmo sendo-lhe possível dar semelhante resposta, mesmo tendo seguido o ideal moral com seriedade e generosidade desde a sua infância, o jovem rico sabe que está ainda longe da meta: diante da pessoa de Jesus, percebe que ainda lhe falta alguma coisa. É à consciência

desta insuficiência que se dirige Jesus, na sua última resposta: aproveitando a *nostalgia de uma plenitude que supere a interpretação legalista dos mandamentos,* o bom Mestre convida o jovem a tomar *a estrada da perfeição:* «Se queres ser perfeito, vai, vende tudo o que possuíres, dá o dinheiro aos pobres, e terás um tesouro nos céus; depois, vem e segue-me» (*Mt* 19,21).

Tal como já sucedeu na passagem precedente da resposta de Jesus, também esta deve ser lida e interpretada no contexto de toda a mensagem moral do Evangelho e, especialmente, no contexto do Discurso da Montanha, das bem-aventuranças (cf. *Mt* 5,3-12), a primeira das quais é precisamente a bem-aventurança dos pobres, dos «pobres em espírito», como esclarece S. Mateus (*Mt* 5,3), ou seja, dos humildes. Neste sentido, pode-se dizer que também as bem-aventuranças entram no espaço aberto pela resposta de Jesus à pergunta do jovem: «Que devo fazer de bom para alcançar a vida eterna?». De fato, cada bem-aventurança promete, desde uma particular perspectiva, precisamente aquele «bem» que abre o homem à vida eterna, mais, que é a própria vida eterna.

As bem-aventuranças não têm propriamente por objeto normas particulares de comportamento, mas falam de atitudes e disposições de fundo da existência e, portanto, *não coincidem exatamente com os mandamentos.* Por outro lado, *não há separação ou oposição* entre as bem-aventuranças e os mandamentos: ambos se referem ao bem, à vida eterna. O Discurso da Montanha começa pelo anúncio das bem-aventuranças, mas contém também a referência aos mandamentos (cf. *Mt* 5,20-48). Ao mesmo tempo, esse Discurso mostra a abertura e a orientação dos mandamentos para a perspectiva da perfeição, própria das bem-aventuranças. Estas são, antes de tudo, *promessas,* das quais de modo indireto derivam também *indicações normativas* para a vida moral. Na sua profundidade original, são uma espécie de *autoretrato de Cristo* e, precisamente por isso, constituem *convites ao seu seguimento e à comunhão de vida com ele.*[26]

17.   Não sabemos até que ponto o jovem do Evangelho tenha compreendido o conteúdo profundo e exigente da primeira resposta dada por Jesus: «Se queres entrar na vida eterna, cumpre os mandamentos»; certo é, porém, que o compromisso professado pelo jovem a respeito de todas as exigências morais dos mandamentos, constitui o terreno indispensável onde poderá germinar e amadurecer o desejo da perfeição, ou seja, da realização do seu sentido mais amplo no seguimento de Cristo. O diálogo de Jesus com o jovem ajuda-nos a identificar as *condições necessárias para o crescimento moral do homem chamado à perfeição:* o jovem, que observou todos os mandamentos, mostra-se incapaz de, unicamente com as suas forças, dar o passo seguinte. Para o conseguir, ocorre uma li-

26. Cf. *Catecismo da Igreja Católica,* n. 1717.

berdade humana amadurecida: «Se queres», e o dom divino da graça: «Vem, e segue-me».

A perfeição exige aquela maturidade no dom de si, a que é chamada a liberdade do homem. Jesus indica ao jovem os mandamentos como a primeira condição imprescindível para obter a vida eterna; o abandono de tudo quanto o jovem possui e o seguimento do Senhor assumem, pelo contrário, o caráter de uma *proposta:* «Se queres...». A palavra de Jesus revela a dinâmica particular do crescimento da liberdade em direção à sua maturidade e, ao mesmo tempo, *comprova a relação fundamental da liberdade com a lei divina.* A liberdade do homem e a lei de Deus não se opõem, antes pelo contrário, reclamam-se mutuamente. O discípulo de Cristo sabe que a sua é uma vocação para a liberdade. «Vós, irmãos, fostes chamados à liberdade» (*Gl* 5,13), proclama com alegria e orgulho o apóstolo Paulo. Mas logo precisa: «Não tomeis, porém, a liberdade como pretexto para servir a carne. Pelo contrário, fazei-vos servos uns dos outros pela caridade» *(ibid.).* A firmeza com que o Apóstolo se opõe a quem confia a própria justificação à Lei, nada tem a ver com a «libertação» do homem dos preceitos, os quais, pelo contrário, estão a serviço da prática do amor: «Pois quem ama o próximo cumpre a Lei. Com efeito, o preceito: *Não cometerás adultério, não matarás, não furtarás, não cobiçarás* e qualquer um dos outros mandamentos resumem-se nestas palavras: *Amarás o próximo como a ti mesmo»* (*Rm* 13,8-9).

O mesmo S. Agostinho, depois de ter falado da observância dos mandamentos como sendo a primeira e imperfeita liberdade, assim continua: «Não é ainda perfeita, por quê? — perguntará alguém. Porque "sinto nos meus membros uma outra lei em conflito com a lei da minha razão" (...) Liberdade parcial, parcial escravidão: a liberdade ainda não é completa, não é ainda pura, não é ainda plena, porque ainda não estamos na eternidade. Conservamos, em parte, a fraqueza, e, em parte, alcançamos já a liberdade. Todos os nossos pecados foram destruídos no batismo, mas porventura desapareceu a fraqueza, depois de ter sido destruída a iniquidade? Se aquela tivesse desaparecido, viver-se-ia na terra sem pecado. Quem ousará afirmar isto a não ser o soberbo ou quem é indigno da misericórdia do libertador? (...) Ora, uma vez que ficou em nós alguma fraqueza, ouso dizer que, na medida em que servimos a Deus somos livres, mas somos escravos na medida em que seguimos a lei do pecado».[27]

18.   Quem vive «segundo a carne» sente a lei de Deus como um peso, mais, como uma negação ou, pelo menos, uma restrição da própria liberdade. Ao contrário, quem é animado pelo amor e «caminha segundo o Espírito» (*Gl* 5,16) e deseja servir os outros, encontra na lei de Deus o caminho fundamental e necessário para praticar o amor, livremente escolhido e vivido. Mais ainda, ele percebe

27. *In Iohannis Evangelium Tractatus*, 41, 10: *CCL* 36, 363.

a urgência interior — uma verdadeira e própria «necessidade», e não já uma imposição — de não se deter nas exigências mínimas da lei, mas de vivê-las em toda a sua «plenitude». É um caminho ainda incerto e frágil, enquanto estivermos na terra, mas tornado possível pela graça que nos outorga a posse da plena liberdade dos filhos de Deus (cf. *Rm* 8,21) e, portanto, de responder na vida moral à sublime vocação de ser «filhos no Filho».

Esta vocação ao amor perfeito não está reservada só para um círculo de pessoas. O convite «vai, vende tudo o que possuíres, dá o dinheiro aos pobres» com a promessa «terás um tesouro no céu», *dirige-se a todos*, porque é uma radicalização do mandamento do amor ao próximo, assim como o convite posterior «vem e segue-me» é a nova forma concreta do mandamento do amor de Deus. Os mandamentos e o convite de Jesus ao jovem rico estão a serviço de uma única e indivisível caridade, que espontaneamente tende à perfeição, cuja medida é só Deus: «Sede, pois, perfeitos, como é perfeito o vosso Pai celeste» (*Mt* 5,48). No Evangelho de S. Lucas, Jesus precisa ainda mais o sentido desta perfeição: «Sede misericordiosos, como também o vosso Pai é misericordioso» (*Lc* 6,36).

«Vem e segue-me» (Mt 19,21)

19.   O caminho e, simultaneamente, o conteúdo desta perfeição consiste na *sequela Christi*, no seguir Jesus, depois de ter renunciado aos próprios

bens e a si mesmo. Esta é precisamente a conclusão do diálogo de Jesus com o jovem: «Depois, vem e segue-me» (*Mt* 19,21). É um convite, cuja maravilhosa profundidade será plenamente compreendida pelos discípulos só depois da ressurreição de Cristo, quando o Espírito Santo os guiar para a verdade total (cf. *Jo* 16,13).

É o próprio Jesus que toma a iniciativa, chamando para o seguir. O apelo é feito, antes de mais, àqueles a quem ele confia uma missão particular, a começar pelos Doze; mas vê-se claramente também que ser discípulo de Cristo é a condição de todo crente (cf. *At* 6,1). Por isso, seguir *Cristo é o fundamento essencial e original da moral cristã:* como o povo de Israel seguia Deus que o conduzia no deserto rumo à Terra Prometida (cf. *Ex* 13,21), assim o discípulo deve seguir Jesus, para o qual é atraído pelo próprio Pai (cf. *Jo* 6,44).

Aqui não se trata apenas de dispor-se a ouvir um ensinamento e de acolher na obediência um mandamento. Trata-se, mais radicalmente, de *aderir à própria pessoa de Cristo,* de compartilhar a sua vida e o seu destino, de participar da sua obediência livre e amorosa à vontade do Pai. Seguindo, mediante a resposta da fé, aquele que é a Sabedoria encarnada, o discípulo de Jesus torna-se verdadeiramente *discípulo de Deus* (cf. *Jo* 6,45). De fato, Jesus é a luz do mundo, a luz da vida (cf. *Jo* 8,12); é o pastor que guia e alimenta as ovelhas (cf. *Jo* 10,11-16), é o caminho, a verdade e a vida (cf. *Jo* 14,6), é aquele que conduz ao Pai, ao ponto que vê-lo a ele, o Filho, é ver o Pai (cf. *Jo* 14,6-10). Portanto, imitar o Filho, «a imagem do Deus invisível» (*Cl* 1,15), significa imitar o Pai.

20. *Jesus pede para o seguir e imitar pelo caminho do amor, de um amor que se dá totalmente aos irmãos por amor de Deus:* «O meu mandamento é este: que vos ameis uns aos outros, *como eu vos amei*» (*Jo* 15,12). Este «como» exige a imitação de Jesus, do seu amor, de que o lava-pés é sinal: «Se eu vos lavei os pés, sendo Senhor e Mestre, também vós deveis lavar os pés uns aos outros.

Dei-vos o exemplo, para que, *como* eu vos fiz, façais vós também» (*Jo* 13,14-15) . O comportamento de Jesus e a sua palavra, as suas ações e os seus preceitos constituem a regra moral da vida cristã. De fato, estas suas ações e, particularmente, a sua paixão e morte na cruz são a revelação viva do seu amor pelo Pai e pelos homens. É precisamente este amor que Jesus pede seja imitado por quantos o seguem. Este é o *mandamento «novo»*: «Um novo mandamento vos dou: que vos ameis uns aos outros; assim como eu vos amei, vós também vos deveis amar uns aos outros. É por isto que todos saberão que sois meus discípulos: se vos amardes uns aos outros» (*Jo* 13,34-35).

Este «como» indica também a medida com que Jesus amou, e com a qual os seus discípulos se devem amar entre si. Depois de ter dito: «O meu mandamento é este: que vos ameis uns aos outros, *como* eu vos amei» (*Jo* 15,12), Jesus prossegue com as palavras que indicam o dom sacrifical da sua vida na cruz, como testemunho de um amor «até ao fim» (*Jo* 13,1): «Ninguém tem maior amor do que aquele que dá a vida pelos seus amigos» (*Jo* 15,13).

Ao chamar o jovem para o seguir pelo caminho da perfeição, Jesus pede-lhe para ser perfeito no mandamento do amor, no «seu» mandamento: para inserir-se no movimento da sua doação total, para imitar e reviver o próprio amor do Mestre «bom», daquele que amou «até ao fim». É o que Jesus pede a cada homem que quer segui-lo: «Se alguém quiser vir após mim, renegue-se a si mesmo, tome a sua cruz e siga-me» (*Mt* 16,24).

21. *Seguir Cristo* não é uma imitação exterior, já que atinge o homem na sua profunda interioridade. Ser discípulo de Jesus significa *tornar-se conforme a ele,* que se fez servo até ao dom de si sobre a cruz (cf. *Fl* 2,5-8). Pela fé, Cristo habita no coração do crente (cf. *Ef* 3,17), e assim o discípulo é assimilado ao seu Senhor e configurado com ele. Isto é *fruto da graça,* da presença operante do Espírito Santo em nós.

Inserido em Cristo, o cristão torna-se *membro do seu Corpo, que é a Igreja* (cf. *1Cor* 12,13.27). Sob o influxo do Espírito, o Batismo configura radicalmente o fiel a Cristo no mistério pascal da morte e ressurreição, «reveste-o» de Cristo (cf. *Gl*

3,27): «Alegremo-nos e agradeçamos — exclama S. Agostinho dirigindo-se aos batizados —: tornamo-nos não apenas cristãos, mas Cristo (...). Maravilhai-vos e regozijai: tornamo-nos Cristo!».[28] Morto para o pecado, o batizado recebe a vida nova (cf. *Rm* 6,3-11): vivendo para Deus em Jesus Cristo, é chamado a caminhar segundo o Espírito e a manifestar na vida os seus frutos (cf. *Gl* 5,16-25). Depois a participação na Eucaristia, sacramento da Nova Aliança (cf. *1Cor* 11,23-29), é o ápice da assimilação a Cristo, fonte de «vida eterna» (cf. *Jo* 6,51-58), princípio e força do dom total de si mesmo, que Jesus — segundo o testemunho transmitido por S. Paulo — manda rememorar na celebração e na vida: «Sempre que comerdes este pão e beberdes este cálice, anunciais a morte do Senhor até que ele venha» (*1Cor* 11,26).

«A Deus tudo é possível» (*Mt* 19,26)

22.   Amarga é a conclusão do colóquio de Jesus com o jovem rico: «Ao ouvir isto, o jovem retirou-se contristado, porque possuía muitos bens» (*Mt* 19,22). Não só o homem rico, mas também os próprios discípulos se assustam com o apelo de Jesus para o seguir, cujas exigências superam as aspirações e as forças humanas: «Ao ouvir isto, os discípulos ficaram estupefatos e disseram: "Quem pode então salvar-se?"» (*Mt* 19,25). Mas o *Mestre*

28. *Ibid.*, 21, 8: *CCL* 36, 216.

faz apelo ao poder de Deus: «Aos homens é impossível, mas a Deus tudo é possível» (*Mt* 19,26).

No mesmo capítulo do Evangelho de Mateus (19,3-10), Jesus, ao interpretar a Lei mosaica sobre o matrimônio, rejeita o direito de repúdio, apoiando-se num «princípio» mais original e autêntico que a Lei de Moisés: o desígnio primordial de Deus sobre o homem, um desígnio para o qual o homem, após o pecado, se tornou inadequado: «Por causa da dureza do vosso coração, Moisés permitiu que repudiásseis as vossas mulheres, mas a princípio não foi assim» (*Mt* 19,8). A chamada ao «princípio» abala os discípulos, que comentam com estas palavras: «Se essa é a situação do homem perante a mulher, não é conveniente casar-se!» (*Mt* 19,10). E Jesus, referindo-se especificamente ao carisma do celibato «pelo Reino dos céus» (*Mt* 19,12), mas enunciando uma regra geral, apela para a nova e surpreendente possibilidade aberta ao homem pela graça de Deus: «Ele respondeu-lhes: "Nem todos compreendem esta linguagem, mas apenas aqueles a quem isso é dado"» (*Mt* 19,11).

Ao homem, não é possível imitar e reviver o amor de Cristo unicamente com as suas forças. Torna-se *capaz deste amor somente em virtude de um dom recebido.* Tal como o Senhor Jesus recebe o amor do seu Pai, assim ele, por sua vez, comunica-o gratuitamente aos discípulos: «Como o Pai me amou, também eu vos amei; permanecei no meu amor» (*Jo* 15,9). *O dom de Cristo é o seu Espírito,* cujo «fruto» primeiro (cf. *Gl* 5,22) é a caridade: «O amor de Deus foi derramado em nossos corações, pelo Espírito Santo, que nos foi concedido» (Rm 5,5). S. Agostinho pergunta-se: «É o amor que nos faz cumprir os mandamentos, ou é a observância dos mandamentos que faz nascer o amor?». E responde: «Mas quem pode pôr em dúvida que o amor precede a observância? Quem, de fato, não ama está privado de motivações para cumprir os mandamentos».[29]

23. «A lei do Espírito de vida em Cristo Jesus, libertou-nos da lei do pecado e da morte» (Rm 8,2). Com estas palavras, o apóstolo Paulo nos leva a considerar, na perspectiva da história da Salvação que se cumpre em Cristo, a relação entre a Lei (antiga) e a graça (nova Lei). Ele reconhece o papel pedagógico da Lei, a qual permitindo ao homem pecador medir a sua fraqueza e retirando-lhe a presunção da auto-suficiência, abre-o à invocação e ao acolhimento da «vida no Espírito». Só nesta vida nova é possível a prática dos mandamentos de Deus. Com efeito, é pela fé em Cristo que fomos justificados (cf. Rm 3,28): a «justiça» que a Lei exige, mas não pode dar a ninguém, encontra-a o crente manifestada e concedida pelo Senhor Jesus. De forma admirável, o mesmo S. Agostinho sintetiza a dialética paulina sobre a lei e a graça: «Portanto, a lei foi dada para se invocar a graça; a graça foi dada para que se observasse a lei».[30]

29. Ibid., 82, 3: CCL 36, 533.
30. De spiritu et littera, 19, 34: CSEL 60, 187.

O amor e a vida segundo o Evangelho não podem ser pensados primariamente em termos de preceito, porque o que eles pedem supera as forças do homem: apenas são possíveis como fruto de um dom de Deus, que restaura, cura e transforma o coração do homem através da sua graça: «Porque, se a Lei foi dada por meio de Moisés, a graça e a verdade vieram por meio de Jesus Cristo» (*Jo* 1,17). Por isso, a promessa da vida eterna está unida ao dom da graça, e o dom do Espírito que recebemos é já «penhor da nossa herança» (cf. *Ef* 1,14).

24. Revela-se assim a face autêntica e original do mandamento do amor e da perfeição, à qual aquele se ordena: trata-se de uma *possibilidade aberta ao homem exclusivamente pela graça*, pelo dom de Deus, pelo seu amor. Por outro lado, precisamente a consciência de ter recebido o dom, de possuir em Jesus Cristo o amor de Deus, gera e sustenta *a resposta responsável* de um amor total a Deus e entre os irmãos, como insistentemente lembra o apóstolo João na sua primeira *Carta*: «Caríssimos, amemo-nos uns aos outros, porque o amor vem de Deus e todo aquele que ama, nasceu de Deus e conhece-o. Aquele que não ama, não conhece a Deus, porque Deus é amor (...) Caríssimos, se Deus nos amou assim, também nos devemos amar uns aos outros (...) Nós amamo-lo, porque ele nos amou primeiro» (*1Jo* 4,7-8.11.19).

Esta conexão indivisível entre a graça do Senhor e a liberdade do homem, entre o dom e o dever, foi expressa, em termos simples e profundos, por S. Agostinho, ao rezar assim: *«Da quod iubes et iube quod vis»* (dá o que mandas e manda o que quiseres).[31]

O dom não diminui, mas reforça a exigência moral do amor: «O seu mandamento é este: que creiamos no nome de seu Filho, Jesus Cristo, e nos amemos uns aos outros, como ele nos mandou» (*1Jo* 3,23) Só se pode «permanecer» no amor, com a condição de observar os mandamentos, como afirma Jesus: «Se guardardes os meus mandamentos, permanecereis no meu amor, do mesmo modo que eu tenho guardado os mandamentos de meu Pai e permaneço no seu amor» (*Jo* 15,10).

Recolhendo aquilo que constitui o âmago da mensagem moral de Jesus e da pregação dos Apóstolos, e repropondo numa síntese admirável a grande tradição dos Padres do Oriente e do Ocidente — particularmente de S. Agostinho[32] —, S. Tomás pôde escrever que *a Nova Lei é a graça do Espírito Santo dada pela fé em Cristo*.[33] Os preceitos externos, de que, aliás, fala o Evangelho, dispõem para esta graça ou prolongam os seus efeitos na vida. De fato, a Nova Lei não se contenta em dizer o que se deve fazer, mas dá também a força «de praticar a verdade» (cf. *Jo* 3,21). Ao mesmo tempo, S. João Crisóstomo observou que a Nova Lei

31.. *Confissões, X*, 29, 40: CCL 27, 176; cf. *De gratia et libero arbitrio*, XV: PL 44, 899.

32. Cf. *De spiritu et littera*, 21, 36; 26, 46: CSEL 60, 189-190; 200-201.

33. Cf. *Summa Theologiae*, I-II, q. 106, a. 1 conclus. e ad 2 um.

foi promulgada precisamente quando o Espírito Santo desceu do céu no dia de Pentecostes, e que os Apóstolos «não desceram do monte trazendo em suas mãos, como Moisés, tábuas de pedra; mas traziam o Espírito Santo em seus corações, (...) tornados pela sua graça uma lei viva, um livro com vida».[34]

*«Eu estarei sempre convosco,
até ao fim do mundo» (Mt 28,20)*

25.   O colóquio de Jesus com o jovem rico *continua*, de certa forma, *em cada época da história, hoje também*. A pergunta: «Mestre, que devo fazer de bom para alcançar a vida eterna?», desabrocha no coração de cada homem, e é sempre Cristo e unicamente ele a oferecer a resposta plena e decisiva. O Mestre, que ensina os mandamentos de Deus, que convida ao seu seguimento e dá a graça para uma vida nova, está sempre presente e operante no meio de nós, como prometeu: «Eu estarei sempre convosco, até o fim do mundo» (*Mt* 28,20). A *contemporaneidade de Cristo ao homem de cada época realiza-se no seu corpo, que é a Igreja*. Por esta razão, o Senhor prometeu aos seus discípulos o Espírito Santo, que lhes haveria de «lembrar» e fazer compreender os seus mandamentos (cf. *Jo* 14,26) e seria o princípio fontal de uma nova vida no mundo (cf. *Jo* 3,5-8; *Rm* 8,1-13).

34. *In Matthaeum*, hom. I, 1: *PG* 57, 15.

As prescrições morais, emanadas por Deus na Antiga Aliança e levadas à sua perfeição na Nova e Eterna Aliança pela Pessoa mesma do Filho de Deus feito homem, devem ser *fielmente conservadas e permanentemente atualizadas* nas diferentes culturas, ao longo da história. A tarefa da sua interpretação foi confiada por Jesus aos Apóstolos e aos seus sucessores, com a especial assistência do Espírito da verdade: «Quem vos ouve é a mim que ouve» (*Lc* 10,16). Com a luz e a força deste Espírito, os Apóstolos cumpriram a missão de pregar o Evangelho e de indicar a «via» do Senhor (cf. *At* 18,25), ensinando, antes de mais, a seguir e a imitar Cristo: «Para mim, o viver é Cristo» (*Fl* 1,21).

26. Na *catequese moral dos Apóstolos,* a par de exortações e indicações ligadas ao contexto histórico e cultural, há um ensinamento ético com normas precisas de comportamento. Comprovam-no as suas *Cartas* que contêm a interpretação, guiada pelo Espírito Santo, dos preceitos do Senhor vividos nas distintas circunstâncias culturais (cf. *Rm* 12-15; *1Cor* 11-14; *Gl* 5-6; *Ef* 4-6; *Cl* 3-4; *1Pd* e *Tg*). Incumbidos de pregar o Evangelho, os Apóstolos, desde as origens da Igreja, movidos pela sua responsabilidade pastoral, *vigiaram sobre a retidão da conduta dos cristãos,*[35] da mesma forma que vigiaram sobre a pureza da fé e sobre a transmissão dos dons divinos através dos Sacra-

35. Cf. S. IRENEU, *Adversus haereses,* IV, 26, 2-5: *SCh* 100/2, 718-729.

mentos.[36] Os primeiros cristãos, provindos quer do povo judaico quer dos gentios, diferenciavam-se dos pagãos não somente pela sua fé e pela liturgia, mas também pelo testemunho da própria conduta moral, inspirada na Nova Lei.[37] De fato, a Igreja é, ao mesmo tempo, comunhão de fé e de vida; a sua norma é «a fé que atua pela caridade» (*Gl* 5,6).

Nenhuma dilaceração deve atentar contra a *harmonia entre a fé e a vida: a unidade da Igreja* é ferida não apenas pelos cristãos que recusam ou alteram as verdades da fé, mas também por aqueles que desconhecem as obrigações morais a que o Evangelho os chama (cf. *1Cor* 5,9-13). Os Apóstolos recusaram, com decisão, qualquer ruptura entre o compromisso do coração e os gestos que o exprimem e comprovam (cf. *1Jo* 2,3-6). E, desde os tempos apostólicos, os Pastores da Igreja denunciaram abertamente os modos de agir daqueles que eram fautores de divisão com os seus ensinamentos ou com o seus comportamentos.[38]

27.   Promover e guardar, na unidade da Igreja, a fé e a vida moral é a tarefa confiada aos Apóstolos por Jesus (cf. *Mt* 28,19-20), que continua no

36. Cf. S. JUSTINO, *Apologia*, I, 66: *PG* 6, 427-430.

37. Cf. *1Pd* 2, 12 SS.; *Didachè*, II, 2: *Patres Apostolici*, ed. F. X. FUNK;, I, 6-9; CLEMENTE DE ALEXANDRIA, *Paedagogus, I*, 10; II, 10: *PG* 8, 355-364; 497-536; TERTULIANO, *Apologeticum*, IX, 8: *CSEL*, 69, 24.

38. Cf. S. INÁCIO DE ANTIOQUIA, *Ad Magnesios*, VI, 1-2: *Patres Apostolici*, ed. F. X. FUNK, I, 234-235; S. IRENEU, *Adversus haereses;* IV, 33, 1.6.7: *SCh* 100/2, 802-805; 814-815; 816-819.

ministério dos seus sucessores. É o que se encontra na *Tradição viva,* através da qual — como ensina o Concílio Vaticano II — «a Igreja, na sua doutrina, vida e culto, perpétua e transmite a todas as gerações tudo aquilo que ela é e tudo quanto acredita. Esta tradição apostólica progride na Igreja sob a assistência do Espírito Santo».[39] No Espírito, a Igreja acolhe e transmite a Escritura como testemunho das «grandes coisas» que Deus faz na história (cf. *Lc* 1,49), confessa pela boca dos Padres e Doutores a verdade do Verbo feito carne, põe em prática os preceitos e a caridade na vida dos Santos e Santas e no sacrifício dos Mártires, celebra a esperança na Liturgia: através da mesma Tradição, os cristãos recebem «a voz do Evangelho que ressoa viva»,[40] como expressão fiel da sabedoria e da vontade divina.

Dentro da Tradição, desenvolve-se, com a assistência do Espírito Santo, *a interpretação autêntica* da lei do Senhor. O mesmo Espírito, que está na origem da Revelação dos mandamentos e dos ensinamentos de Jesus, garante que sejam santamente conservados, fielmente expostos e corretamente aplicados, nos vários tempos e circunstâncias. Esta «atualização» dos mandamentos é sinal e fruto de uma penetração mais profunda da Revelação, e de uma compreensão à luz da fé das novas situações históricas e culturais. Todavia aquela não pode deixar de confirmar a validade

39. Const. dogm. sobre a Divina Revelação *Dei Verbum,* 8.
40. Cf. *ibid.*

da Revelação, inserindo-se no sulco da interpretação dada pela grande Tradição de ensinamento e vida da Igreja, que tem como testemunhas a doutrina dos Padres, a vida dos Santos, a liturgia da Igreja e o ensinamento do Magistério.

Mais em particular, como afirma o Concílio, *«o encargo de interpretar autenticamente a palavra de Deus escrita ou transmitida pela Tradição foi confiado unicamente ao Magistério vivo da Igreja, cuja autoridade é exercida em nome de Jesus Cristo».*[41] Assim a Igreja, na sua vida e ensinamento, apresenta-se como «coluna e sustentáculo da verdade» (*1Tm* 3,15), inclusive da verdade sobre o agir moral. De fato, «à Igreja compete anunciar sempre e em toda parte os princípios morais, mesmo de ordem social, bem como emitir juízo acerca de quaisquer realidades humanas, na medida em que o exijam os direitos fundamentais da pessoa humana ou a salvação das almas».[42]

Precisamente sobre as questões que caracterizam hoje o debate moral e à volta das quais se desenvolveram novas tendências e teorias, o Magistério, por fidelidade a Jesus Cristo e em continuidade com a tradição da Igreja, sente com maior urgência o dever de oferecer o próprio discernimento e ensinamento, para ajudar o homem no seu caminho em busca da verdade e da liberdade.

41. *Ibid.*, 10.
42. *Código de Direito Canônico*, cân. 747, 2.

CAPÍTULO II

«NÃO VOS CONFORMEIS COM A MENTALIDADE DESTE MUNDO»

(*Rm* 12,2)

A IGREJA E O DISCERNIMENTO DE ALGUMAS TENDÊNCIAS DA TEOLOGIA MORAL HODIERNA

Ensinar o que é conforme à sã doutrina (cf. *Tt* 2,1)

28.   A meditação do diálogo entre Jesus e o jovem rico permitiu-nos recolher os conteúdos essenciais da Revelação do Antigo e do Novo Testamento sobre o agir moral. Ou sejam: a *subordinação do homem e da sua ação a Deus,* aquele que «só é bom»; a *relação entre o bem moral* dos atos humanos *e a vida eterna; o seguimento de Cristo,* que abre ao homem a perspectiva do amor perfeito; e, enfim, o *dom do Espírito Santo,* fonte e auxílio da vida moral da «nova criatura» (cf. *2Cor* 5,17).

Na sua reflexão moral, *a Igreja* teve constantemente presente as palavras, que Jesus dirigiu ao jovem rico. A Sagrada Escritura, de fato, permanece a fonte viva e fecunda da doutrina moral da Igreja, como recordou o Concílio Vaticano II: «O Evangelho é (...) fonte de toda a verdade salutar e de toda a disciplina de costumes».[43] Aquela conservou fielmente aquilo que a palavra de Deus ensina, tanto acerca das verdades a acreditar, como sobre o agir moral, isto é, o agir agradável a Deus (cf. *1Ts* 4,1), realizando um *progresso doutrinal* análogo ao verificado no âmbito das verdades da fé. Assistida pelo Espírito Santo que a guia para a verdade total (cf. *Jo* 16,13), a Igreja nunca cessou, nem poderá cessar, de perscrutar o «mistério do Verbo encarnado», no qual «se esclarece verdadeiramente o mistério do homem».[44]

29. A reflexão moral da Igreja, sempre realizada à luz de Cristo, o «bom Mestre», desenvolveu-se também na forma específica de ciência teológica, chamada *«teologia moral»*, uma ciência que acolhe e interroga a Revelação divina e, ao mesmo tempo, responde às exigências da razão humana. A teologia moral é uma reflexão que se refere à «moralidade», ou seja, ao bem e ao mal dos atos humanos e da pessoa que os realiza, e neste sentido está aberta a todos os homens; mas é também «teologia», enquanto reconhece o princípio e o fim do agir moral naquele que «só é bom» e que, doando-se ao homem em Cristo, lhe oferece a bem-aventurança da vida divina.

O Concílio Vaticano II convidou os estudiosos a *porem «especial cuidado em aperfeiçoar a teolo-*

---

43. Const. dogm. sobre a Divina Revelação *Dei Verbum*, 7.
44. CONC. ECUM. VAT. II, Const. past. sobre a Igreja no mundo contemporâneo *Gaudium et Spes*, 22.

gia moral, cuja exposição científica, mais alimentada pela Sagrada Escritura, deve revelar a grandeza da vocação dos fiéis em Cristo e a sua obrigação de dar frutos na caridade para a vida do mundo».[45] O mesmo Concílio convidou os teólogos «a buscar constantemente, de acordo com os métodos e exigências próprias do conhecimento teológico, *a forma mais adequada de comunicar* a doutrina aos homens do seu tempo; porque uma coisa é o depósito da fé ou as suas verdades, outra, o modo como elas se enunciam, sempre, porém, com o mesmo sentido e significado».[46] Daí o posterior convite, lançado a todos os fiéis, mas dirigido particularmente aos teólogos: «vivam, pois, os fiéis em estreita união com os demais homens do seu tempo, e procurem compreender perfeitamente o seu modo de pensar e sentir, qual se exprime pela cultura».[47]

O esforço de muitos teólogos, incentivados pelo encorajamento do Concílio, já deu os seus frutos com interessantes e úteis reflexões sobre as verdades da fé a crer e a aplicar na vida, apresentadas de forma mais adequada à sensibilidade e às questões dos homens do nosso tempo. A Igreja e, em particular, os bispos, a quem Jesus Cristo confiou primariamente o ministério de ensinar, acolham com gratidão um tal esforço e estimulem os teólogos a prosseguirem o trabalho, animados por

---

45. Decr. sobre a formação sacerdotal *Optatam Totius,* 16.
46. Const. past. sobre a Igreja no mundo contemporâneo *Gaudium et Spes,* 62.
47. *Ibid.*

um profundo e autêntico temor do Senhor, que é o princípio da sabedoria (cf. *Pr* 1,7).

Ao mesmo tempo, porém, no âmbito das discussões teológicas pós-conciliares, foram-se desenvolvendo *algumas interpretações da moral cristã que não são compatíveis com a «sã doutrina» (2Tm 4,3)*. Certamente o Magistério da Igreja não pretende impor aos fiéis nenhum sistema teológico particular nem mesmo filosófico, mas para «guardar religiosamente e expor fielmente» a Palavra de Deus,[48] ele tem o dever de declarar a incompatibilidade com a verdade revelada de certas orientações do pensamento teológico ou de algumas afirmações filosóficas.[49]

30. Ao dirigir-me com esta Encíclica a vós, Irmãos no Episcopado, desejo enunciar os *princípios necessários para o discernimento daquilo que é contrário à «sã doutrina»*, apelando para aqueles elementos do ensinamento moral da Igreja, que hoje parecem particularmente expostos ao erro, à ambigüidade ou ao esquecimento. De resto, são os elementos de que depende «a resposta para os enigmas da condição humana que, hoje como ontem, profundamente preocupam os seus corações: que é o homem? qual o sentido e a finalidade da vida? que é o pecado? donde provém o sofrimento, e para que serve? qual o caminho para alcançar a felici-

---

48. Cf. CONC. ECUM. VAT. II, Const. dogm. sobre a Divina Revelação *Dei Verbum,* 10.

49. Cf. CONC. ECUM. VAT. I, Const. dogm. sobre a fé católica *Dei Filius,* cap. 4: *DS,* 3018.

dade verdadeira? que é a morte, o juízo e a retribuição depois da morte? finalmente, que mistério último e inefável envolve a nossa existência, do qual vimos e para onde vamos?».[50]

Estas e outras questões — como: que é a liberdade e qual a sua relação com a verdade contida na lei de Deus? qual é o papel da consciência na formação do perfil moral do homem? como discernir, em conformidade com a verdade sobre o bem, os direitos e os deveres concretos da pessoa humana? — podem-se resumir na *pergunta fundamental* que o jovem do Evangelho pôs a Jesus: «Mestre, que devo fazer de bom para alcançar a vida eterna?». Enviada por Jesus a pregar o Evangelho e a «instruir todas as nações (...) ensinando-as a observar tudo» o que ele mandou (cf. *Mt* 28,19-20), *a Igreja propõe sempre de novo, hoje também, a resposta do Mestre:* esta possui luz e força capazes de resolver inclusive as questões mais discutidas e complexas. Esta mesma luz e força impelem a Igreja a desenvolver constantemente a reflexão não só dogmática mas também moral, num âmbito inter-disciplinar, tal como é necessário especialmente para os novos problemas.[51]

É sempre nessa mesma luz e força que o *Magistério da Igreja realiza a sua obra de discernimento*, acolhendo e pondo em prática a admoesta-

---

50. CONC. ECUM. VAT. II, Decl. sobre as relações da Igreja com as religiões não-cristãs *Nostra Aetate*, 1.

51. Cf. CONC. ECUM. VAT. II, Const. past. sobre a Igreja no mundo contemporâneo *Gaudium et Spes*, 43-44.

ção que o apóstolo Paulo dirigia a Timóteo: «Conjuro-te diante de Deus e de Jesus Cristo que há de julgar os vivos e os mortos, e em nome da sua aparição e do seu Reino: prega a palavra, insiste oportuna e inoportunamente, repreende, censura e exorta com bondade e doutrina. Porque virá o tempo em que os homens já não suportarão a sã doutrina. Desejosos de ouvir novidades, escolherão para si uma multidão de mestres, ao sabor das paixões, e hão-de afastar os ouvidos da verdade, aplicando-os às fábulas. Tu, porém, sê prudente em tudo, suporta os trabalhos, evangeliza e consagra-te ao teu ministério» (*2Tm* 4,1-5; cf. *Tt* 1,10.13-14).

«Conhecereis a verdade e a verdade vos tornará livres» (Jo 8,32)

31. Os problemas humanos mais debatidos e diversamente resolvidos na reflexão moral contemporânea, estão ligados, mesmo se de várias maneiras, a um problema crucial: o da *liberdade do homem*. Não há dúvida que a nossa época adquiriu uma percepção particularmente viva da liberdade. «Os homens de hoje tornam-se cada vez mais conscientes da dignidade da pessoa humana», como já constatava a Declaração conciliar *Dignitatis humanae* sobre a liberdade religiosa.[52] Daí a rei-

---

52. Decl. sobre a liberdade religiosa *Dignitatis Humanae*, 1, com referência a JOÃO XXIII, Carta enc. *Pacem in Terris* (11 de Abril de 1963): *AAS* 55 (1963), 279; *Ibid.*, 265, e a Pio XII, *Radiomensagem* (24 de Dezembro de 1944): *AAS* 37 (1945), 14.

vindicação de que os homens possam «agir segundo a própria convicção e com liberdade responsável, não forçados por coação, mas levados pela consciência do dever».[53] Em particular, o direito à liberdade religiosa e ao respeito da consciência no seu caminho para a verdade é sentido cada vez mais como fundamento dos direitos da pessoa, considerados no seu conjunto.[54]

Assim, o sentido mais agudo da dignidade e da unicidade da pessoa humana, bem como do respeito devido ao caminho da consciência, constitui certamente uma conquista positiva da cultura moderna. Esta percepção, em si mesma autêntica, encontrou múltiplas expressões, mais ou menos adequadas, algumas das quais, porém, se afastam da verdade do homem enquanto criatura e imagem de Deus, e requerem, portanto, ser corrigidas ou purificadas à luz da fé.[55]

32. Em algumas correntes do pensamento moderno, chegou-se a *exaltar a liberdade até ao ponto de se tornar um absoluto, que seria a fonte dos valores.* Nesta direção, movem-se as doutrinas que perderam o sentido da transcendência ou as que são explicitamente atéias. Atribuíram-se à consci-

---

53. Decl. sobre a liberdade religiosa *Dignitatis Humanae*, 1.

54. Cf. Cart. enc. *Redemptor Hominis* (4 de Março de 1979), 17: *AAS* 71 (1979), 295-300; *Discurso* aos participantes no V Colóquio Internacional de Estudos Jurídicos (10 de Março de 1984), 4: *Insegnamenti* VII, 1 (1984), 656; CONGREGAÇÃO PARA A DOUTRINA DA FÉ, Instr. sobre liberdade cristã e libertação *Libertatis conscientia* (22 de Março de 1986), 19: *AAS* 79 (1987), 561.

55. Cf. CONC. ECUM. VAT. II, Const. past. sobre a Igreja no mundo contemporâneo *Gaudium et Spes*, 11.

ência individual as prerrogativas de instância suprema do juízo moral, que decide categórica e infalivelmente o bem e o mal. A afirmação do dever de seguir a própria consciência foi indevidamente acrescentada aquela outra de que o juízo moral é verdadeiro pelo próprio fato de provir da consciência. Deste modo, porém, a imprescindível exigência de verdade desapareceu em prol de um critério de sinceridade, de autenticidade, de «acordo consigo próprio», a ponto de se ter chegado a uma concepção radicalmente subjetivista do juízo moral.

Como facilmente se compreende, não é alheia a esta evolução, *a crise em torno da verdade*. Perdida a idéia de uma verdade universal sobre o bem, cognoscível pela razão humana, mudou também inevitavelmente a concepção da consciência: esta deixa de ser considerada na sua realidade original, ou seja, como um ato da inteligência da pessoa, a quem cabe aplicar o conhecimento universal do bem numa determinada situação e exprimir assim um juízo sobre a conduta justa a eleger, aqui e agora; tende-se a conceder à consciência do indivíduo o privilégio de estabelecer autonomamente os critérios do bem e do mal e agir em conseqüência. Esta visão identifica-se com uma ética individualista, na qual cada um se vê confrontado com a sua verdade, diferente da verdade dos outros. Levado às últimas conseqüências, o individualismo desemboca na negação da idéia mesma de natureza humana.

Estas diversas concepções estão na origem das orientações de pensamento que sustentam a antinomia entre lei moral e consciência, entre natureza e liberdade.

33. *Paralelamente* à exaltação da liberdade, e paradoxalmente em contraste com ela, *a cultura moderna põe radicalmente em questão a própria liberdade.* Um conjunto de disciplinas, agrupadas sob o nome de «ciências humanas», chamou justamente a atenção para os condicionamentos de ordem psicológica e social, que pesam sobre o exercício da liberdade humana. O conhecimento desses condicionalismos e a atenção que lhes é prestada são conquistas importantes, que encontraram aplicação em diversos âmbitos da existência, como, por exemplo, na pedagogia ou na administração da justiça. Mas alguns, ultrapassando as conclusões, que legitimamente se podem tirar destas observações, chegaram ao ponto de pôr em dúvida ou de negar a própria realidade da liberdade humana.

São de lembrar ainda algumas interpretações abusivas da pesquisa científica a nível antropológico. Partindo da grande variedade de tradições, hábitos e instituições existentes na humanidade, concluem, senão sempre pela negação de valores humanos universais, pelo menos com uma concepção relativista da moral.

34. «Mestre, que devo fazer de bom para alcançar a vida eterna?». *A pergunta moral,* à qual responde Cristo, *não pode prescindir da questão da*

liberdade, pelo contrário, coloca-a no centro dela, porque não há moral sem liberdade: «Só na liberdade é que o homem se pode converter ao bem».[56] *Mas qual liberdade?* Perante os nossos contemporâneos que «apreciam grandemente» a liberdade e que a «procuram com ardor», mas que «muitas vezes fomentam-na dum modo condenável, como se ela consistisse na licença de fazer seja o que for, mesmo o mal, contanto que agrade», o Concílio apresenta a *«verdadeira» liberdade:* «A liberdade verdadeira é um *sinal privilegiado da imagem divina* no homem. Pois Deus quis "deixar o homem entregue à sua própria decisão" (cf. *Eclo* 15,14), para que busque por si mesmo o seu Criador e livremente chegue à total e beatífica perfeição, aderindo a ele».[57] Se existe o direito de ser respeitado no próprio caminho em busca da verdade, há ainda antes a obrigação moral grave para cada um de procurar a verdade e de aderir a ela, uma vez conhecida.[58] Neste sentido, afirmava com decisão o Cardeal J. H. Newman, eminente defensor dos direitos da consciência: «A consciência tem direitos, porque tem deveres».[59]

56. *Ibid.*, 17.

57. *Ibid.*

58. Cf. CONC. ECUM. VAT. II, Decl. sobre a liberdade religiosa *Dignitatis Humanae*, 2; cf. também GREGÓRIO XVI, Epis. enc. *Mirari vos arbitramur* (15 de Agosto de 1832): *Acta Gregorii Papae XVI*, I, 169-174; Pio IX, Epist. enc. *Quanta Cura* (8 de Dezembro de 1864) *Pii IX P.M. Acta*, I, 3, 687-700; LEÃO XIII, Cart. enc. *Libertas Praestantissimum* (20 de Junho de 1888): *Leonis XIII P.M. Acta*, VIII, Romae 1889, 212-246.

59. *A Letter Addressed to His Grace the duke of Norfolk: Certain Difficulties Felt by Anglicans in Catholic Teaching* (Uniform Edition: Longman, Green and Company, London, 1868-1881), vol. 2, p. 250.

Algumas tendências da teologia moral hodierna, sob a influência das correntes subjetivistas e individualistas agora lembradas, interpretam de um modo novo a relação da liberdade com a lei moral, com a natureza humana e com a consciência, e propõem critérios inovadores de avaliação moral dos atos: são tendências que, em sua variedade, coincidem no fato de atenuar ou mesmo negar *a dependência da liberdade da verdade*.

Se queremos realizar um discernimento crítico destas tendências, capaz de reconhecer o que nelas existe de legítimo, útil e válido, e indicar, ao mesmo tempo, as suas ambigüidades, perigos e erros, devemos examiná-las à luz da dependência fundamental da liberdade da verdade, dependência que foi expressa do modo mais claro e autorizado pelas palavras de Cristo: «Conhecereis a verdade, e a verdade vos tornará livres» (*Jo* 8,32).

I. A LIBERDADE E A LEI

«Não comas da árvore
da ciência do bem e do mal» (*Gn* 2,17)

35.   Lemos no livro do *Gênesis:* «O Senhor deu esta ordem ao homem: "Podes comer do fruto de todas as árvores do jardim; mas não comas o da árvore da ciência do bem e do mal, porque, no dia em que o comeres, certamente morrerás"» (*Gn* 2, 16-17).

Com esta imagem, a Revelação ensina que *não pertence ao homem o poder de decidir o bem e o mal, mas somente a Deus.* O homem é certamente livre, uma vez que pode compreender e acolher os mandamentos de Deus. E goza de uma liberdade bastante ampla, já que pode comer «de todas as árvores do jardim». Mas esta liberdade não é ilimitada: deve deter-se diante da «árvore da ciência do bem e do mal», chamada que é a aceitar a lei moral que Deus dá ao homem. Na verdade, a liberdade do homem encontra a sua verdadeira e plena realização precisamente nesta aceitação. Deus, que «só é bom», conhece perfeitamente o que é bom para o homem, e, devido ao seu mesmo amor, o propõe nos mandamentos.

Portanto, a lei de Deus não diminui e muito menos elimina a liberdade do homem, pelo contrário, garante-a e promove-a. Bem distintas se apresentam, porém, algumas tendências culturais hodiernas, que estão na origem de muitas orientações éticas que colocam no centro do seu pensamento um *suposto conflito entre a liberdade e a lei.* Tais são as doutrinas que atribuem a simples indivíduos ou a grupos sociais a faculdade de *decidir o bem e o mal:* a liberdade humana poderia «criar os valores», e gozaria de uma primazia sobre a verdade, até ao ponto de a própria verdade ser considerada uma criação da liberdade. Esta, portanto, reivindicaria tal autonomia moral, que, praticamente, significaria a sua *soberania absoluta.*

36. A exigência moderna de autonomia não deixou de exercer o seu *influxo também no âmbito da teologia moral católica.* Se é certo que esta nunca pretendeu contrapor a liberdade humana à lei divina, nem pôr em dúvida a existência de um fundamento religioso último das normas morais, foi, porém, incitada a uma profunda revisão do papel da razão e da fé na individuação das normas morais que se referem aos comportamentos específicos «intramundanos», ou seja, relativos ao próprio sujeito, aos outros e ao mundo das coisas.

Deve-se reconhecer que, na origem deste esforço de revisão, acham-se *algumas instâncias* positivas, que em boa parte, aliás, pertencem à melhor tradição do pensamento católico. Solicitados pelo Concílio Vaticano II,[60] quis-se favorecer o diálogo com a cultura moderna, pondo em evidência o caráter racional — e, portanto, universalmente compreensível e comunicável — das normas morais que pertencem ao âmbito da lei moral natural.[61] Pretendeu-se, além disso, confirmar o caráter interior das exigências éticas que dela derivam e que só se impõem à vontade como uma obrigação por força do reconhecimento prévio da razão humana e, em concreto, da consciência pessoal.

Esquecendo, porém, a dependência da razão humana da Sabedoria divina e, no atual estado de

60. Cf. Const. past. sobre a Igreja no mundo contemporâneo *Gaudium et Spes*, 40 e 43.
61. Cf. S. TOMÁS DE AQUINO, *Summa Theologiae*, I-II, q. 71, a. 6; ver também ad 5um.

natureza decaída, a necessidade, mais, a efetiva realidade da Revelação divina para o conhecimento das verdades morais, mesmo de ordem natural,[62] alguns chegaram a teorizar *uma completa soberania da razão* no âmbito das normas morais, relativas à reta ordenação da vida neste mundo: tais normas constituiriam o âmbito de uma moral puramente «humana», isto é, seriam a expressão de uma lei que o homem autonomamente daria a si próprio, com a sua fonte exclusiva na razão humana. Desta lei, Deus não poderia de modo algum ser considerado Autor, salvo no sentido que a razão humana exerceria a sua autonomia legislativa por força de um mandato original e total de Deus ao homem. Ora, estas tendências de pensamento levaram a negar, contra a Sagrada Escritura e a doutrina constante da Igreja, que a lei moral natural tenha Deus como autor e que o homem, mediante a sua razão, participe da lei eterna, dado que não é ele a estabelecê-la.

37. Querendo, porém, manter a vida moral num contexto cristão, foi introduzida por alguns teólogos moralistas uma nítida distinção, contrária à doutrina católica,[63] entre uma *ordem ética,* que teria origem humana e valor apenas *temporal,* e uma *ordem da salvação,* para a qual contariam somente algumas intenções e atitudes interiores

62. Cf. Pio XII, Cart. enc. *Humani Generis* (12 de Agosto de 1950): *AAS* 42 (1950), 561-562.
63. Cf. CONC. ECUM. DE TRENTO, Sess. VI, Decr. sobre a justificação *Cum hoc tempore,* cân. 19-21: *DS*, 1569-1571.

relativas a Deus e ao próximo. Conseqüentemente, chegou-se ao ponto de negar, na Revelação divina, a existência de um conteúdo moral específico e determinado, universalmente válido e permanente: a Palavra de Deus limitar-se-ia a propor uma exortação, uma genérica parênese, que depois unicamente a razão autônoma teria a tarefa de preencher com determinações normativas verdadeiramente «objetivas», ou seja, adequadas à situação histórica concreta. Naturalmente uma autonomia assim concebida comporta também a negação à Igreja e ao seu Magistério de uma competência doutrinal específica sobre normas morais concretas relacionadas com o chamado «bem humano»: elas não pertenceriam ao conteúdo próprio da Revelação, nem seriam em si próprias relevantes para a salvação.

É impossível não ver que uma tal interpretação da autonomia da razão humana comporta teses incompatíveis com a doutrina católica.

Neste contexto, é absolutamente necessário esclarecer, à luz da Palavra de Deus e da tradição viva da Igreja, as noções fundamentais da liberdade humana e da lei moral, como também as suas relações profundas e interiores. Só assim será possível corresponder às justas exigências da racionalidade humana, integrando os elementos válidos de algumas correntes da teologia moral hodierna sem prejudicar o patrimônio moral da Igreja com teses derivadas de um conceito errôneo de autonomia.

Deus quis deixar o homem
«entregue à sua própria decisão» (Eclo 15,14)

38.   Retomando as palavras do Sirácida, o Concílio Vaticano II explica assim a «verdadeira liberdade», que, no homem, é «sinal privilegiado da imagem divina»: «Deus quis "deixar o homem entregue à sua própria decisão", para que busque por si mesmo o seu Criador e livremente chegue à total e beatífica perfeição, aderindo a ele».[64] Estas palavras indicam a maravilhosa profundidade da *participação na soberania divina*, à qual foi chamado o homem: indicam que o poder do homem se estende, de certa maneira, sobre si mesmo. Este é um aspecto constantemente acentuado na reflexão teológica sobre a liberdade humana, interpretada como uma forma de realeza. Escreve, por exemplo, S. Gregório de Nissa: «O espírito manifesta a sua realeza e excelência (...) pelo fato de ser sem dono e livre, governando-se soberanamente pelo seu querer. De quem é próprio isto, senão de um rei? (...) Assim a natureza humana, criada para ser senhora das outras criaturas, pela semelhança com o Soberano do universo, foi estabelecida como uma imagem viva, participante da dignidade e do nome do Arquétipo».[65]

Já o *governar o mundo* constitui para o homem uma tarefa grande e cheia de responsabilidade, que compromete a sua liberdade na obedi-

---

64. Const. past. sobre a Igreja no mundo contemporâneo *Gaudium et Spes*, 17.
65. *De Hominis opificio*, c. 4: *PG* 44, 135-136.

ência ao Criador: «Enchei e dominai a terra» (*Gn* 1,28). Sob este aspecto, compete ao indivíduo, bem como à comunidade humana, uma justa autonomia, à qual a Constituição conciliar *Gaudium et Spes* dedica uma especial atenção. É a autonomia das realidades terrenas, significando que «as coisas criadas e as próprias sociedades têm leis e valores próprios, que o homem irá gradualmente descobrindo, utilizando e organizando».[66]

39. Não só o mundo, mas *o homem mesmo foi confiado ao seu próprio cuidado e responsabilidade*. Deus deixou-o «entregue à sua própria decisão» (*Eclo* 15,14), para que procurasse o seu Criador e alcançasse livremente a perfeição. *Alcançar* significa *edificar pessoalmente em si próprio tal perfeição*. Com efeito, do mesmo modo que ao governar o mundo, o homem o forma segundo a sua inteligência e vontade, assim também praticando atos moralmente bons, o homem confirma, desenvolve e consolida em si mesmo a semelhança com Deus.

No entanto, o Concílio pede vigilância perante um falso conceito da autonomia das realidades terrenas, ou seja, o de considerar que «as criaturas não dependem de Deus e que o homem pode usar delas sem as ordenar ao Criador».[67] Aplicado depois ao homem, tal conceito de autonomia produz efeitos particularmente danosos, assumindo,

---

66. Const. past. sobre a Igreja no mundo contemporâneo *Gaudium et Spes*, 36.
67. *Ibid.*

em última análise, um caráter ateu: «Pois, sem o Criador, a criatura não subsiste. (...) Antes, se se esquece de Deus, a própria criatura se obscurece».[68]

40.   O ensinamento do Concílio sublinha, por um lado, a *atividade da razão humana* na descoberta e na aplicação da lei moral: a vida moral exige a criatividade e o engenho próprios da pessoa, fonte e causa dos seus atos deliberados. Por outro lado, a razão obtem a sua verdade e autoridade da lei eterna, que não é senão a própria sabedoria divina.[69] Na base da vida moral, está, pois, o princípio de uma «justa autonomia»[70] do homem, sujeito pessoal dos seus atos. *A lei moral provém de Deus e nele encontra sempre a sua fonte:* em virtude da razão natural, que deriva da sabedoria divina, ela é simultaneamente a *lei própria do homem.* De fato, a lei natural, como vimos, «não é mais do que a luz da inteligência infundida por Deus em nós. Graças a ela, conhecemos o que se deve cumprir e o que se deve evitar. Esta luz e esta lei, Deus a concedeu na criação».[71] A justa autonomia da razão prática significa que o homem possui em si mesmo a própria lei, recebida do Criador. Mas, *a autonomia da razão não pode significar a criação,*

---

68. *Ibid.*

69. Cf. S. TOMÁS DE AQUINO, *Summa Theologiae,* I-II, q. 93, a. 3 ad 2um, citado por JOÃO XXIII Cart. enc. *Pacem in Terris* (11 de Abril de 1963): *AAS* 55 (1963), 2il.

70. CONC. ECUM. VAT. II, Const. past. sobre a Igreja no mundo contemporâneo *Gaudium et Spes,* 41.

71. S. TOMÁS DE AQUINO, *In duo praecepta caritatis et in decem legis praecepta. Prologus: Opuscula theologica,* II, n. 1129, Ed. Taurinens. (1954), 245.

por parte da mesma razão, *dos valores e normas morais*.[72] Se esta autonomia implicasse uma negação da participação da razão prática na sabedoria do divino Criador e Legislador, ou então se sugerisse uma liberdade criadora das normas morais, segundo as contingências da história ou das diversas sociedades e culturas, uma tal suposta autonomia contradiria o ensinamento da Igreja sobre a verdade do homem.[73] Seria a morte da verdadeira liberdade: «Mas não comas da árvore da ciência do bem e do mal, porque, no dia em que comeres, certamente morrerás (*Gn* 2,17).

41. *A verdadeira autonomia* moral do homem de modo algum significa a recusa, mas sim o acolhimento da lei moral, do mandamento de Deus: «O Senhor deu esta ordem ao homem...» (*Gn* 2,16). *A liberdade do homem e a lei de Deus encontramse e são chamadas a compenetrar-se entre si,* no sentido de uma livre obediência do homem a Deus e da benevolência gratuita de Deus ao homem. E, portanto, a obediência a Deus não é, como pensam alguns, uma *heteronomia,* de modo que a vida moral estivesse submetida à vontade de uma onipotência absoluta, externa ao homem e contrária à afirmação da sua liberdade. Na verdade, se heteronomia da moral significasse negação da autodeterminação do homem ou imposição de normas estranhas ao seu bem, estaria em contradi-

---

72. Cf. *Discurso* a um grupo de Bispos dos Estados Unidos por ocasião da visita «*ad limina*» (15 de Outubro de 1988), 6: *Insegnamenti* XI, 3 (1988), 1228.

73. Cf. CONC. ECUM. VAT. II, Const. past. sobre a Igreja no mundo contemporâneo *Gaudium et Spes,* 47.

ção com a revelação da Aliança e da Encarnação redentora. Semelhante heteronomia seria apenas uma forma de alienação, contrária à sabedoria divina e à dignidade da pessoa humana.

Alguns falam, justamente, de *teonomia, ou* de *teonomia participada,* porque a livre obediência do homem à lei de Deus implica, de fato, a participação da razão e da vontade humana na sabedoria e providência de Deus. Proibindo ao homem comer da «árvore da ciência do bem e do mal», Deus afirma que o homem não possui originariamente como própria esta «ciência», mas só participa nela através da luz da razão natural e da revelação divina, que lhe manifestam as exigências e os apelos da sabedoria eterna. A lei, portanto, deve entender-se como uma expressão da sabedoria divina: ao submeter-se a ela, a liberdade submete-se à verdade da criação. Por isso, é necessário reconhecer na liberdade da pessoa humana, a imagem e a proximidade de Deus, que se «encontra em todos» (cf. *Ef* 4,6); da mesma forma, impõe-se confessar a majestade do Deus do universo e venerar a santidade da lei de Deus infinitamente transcendente. *Deus semper maior.*[74]

Feliz o homem que põe
o seu enlevo na lei do Senhor (cf. *Sl* 1,1-2)

42.   Modelada sobre a de Deus, a liberdade do homem não só não é negada pela sua obediência à lei divina, mas apenas mediante essa obediência,

---

74. Cf. S. AGOSTINHO, *Enarratio in Psalmum LXII,* 16: *CCL* 39,

ela permanece na verdade e é conforme à dignidade do homem, como diz claramente o Concílio: «A dignidade do homem exige que ele proceda segundo a própria consciência e por livre adesão, ou seja, movido e induzido pessoalmente desde dentro e não levado por cegos impulsos interiores ou por mera coação externa. O homem atinge esta dignidade quando, libertando-se da escravidão das paixões, tende para o fim pela livre escolha do bem e procura a sério e com diligente iniciativa os meios convenientes».[75]

Na sua inclinação para Deus, para aquele que «só é bom», o homem deve livremente fazer o bem e evitar o mal. Mas para isso, o homem deve *poder distinguir o bem do mal*. Fá-lo, antes de mais, graças à luz da razão natural, reflexo no homem do esplendor da face de Deus. Neste sentido, escreve S. Tomás ao comentar um versículo do Salmo 4: «Depois de ter dito: Oferecei sacrifícios de justiça (*Sl* 4,6), como se alguns lhe pedissem quais são as obras da justiça, o Salmista acrescenta: *Muitos dizem: quem nos fará ver o bem? E,* respondendo à pergunta, diz: A luz *da vossa face, Senhor, foi impressa em nós.* Como se quisesse dizer que a luz da razão natural, pela qual distinguimos o bem do mal — naquilo que é da competência da lei natural — nada mais é senão um vestígio da luz divina em nós»[76] Disto se deduz também o motivo pelo qual esta lei é chamada lei

75. Const. past. sobre a Igreia no mundo contemporâneo *Gaudium et Spes,* 17.
76. *Summa Theologiae,* I-II, q. 91, a. 2.

natural: chama-se assim, não por referência à natureza dos seres irracionais, mas porque a razão, que a dita, é própria da natureza humana.[77]

43. O Concílio Vaticano II lembra que «a suprema norma da vida humana é a própria lei divina, objetiva e universal, com a qual Deus, no desígnio da sua sabedoria e amor, ordena, dirige e governa o universo inteiro e os caminhos da comunidade humana. Desta sua lei, Deus torna o homem participante, de modo que este, segundo a suave disposição da divina providência, possa conhecer cada vez mais a verdade imutável».[78]

O Concílio remete para a doutrina clássica sobre a *lei eterna de Deus*. S. Agostinho define-a como «a razão ou a vontade de Deus que manda observar a ordem natural e proíbe alterá-la»;[79] S. Tomás identifica-a com «a razão da divina sabedoria que conduz tudo ao devido fim».[80] E a sabedoria de Deus é providência, amor que cuida com diligência. É o próprio Deus, portanto, que ama e cuida, no sentido mais literal e fundamental, de toda a criação (cf. *Sb* 7,22; 8,11). Mas aos homens, Deus provê de um modo diferente do usado com os seres que não são pessoas: não «de fora» através das leis da natureza física, mas «de dentro» mediante a razão que, conhecendo pela luz natu-

---

77. Cf. *Catecismo da Igreja Católica*, n. 1955.
78. Decl. sobre a liberdade religiosa *Dignitatis Humanae,* 3.
79. *Contra Faustum,* liv. 22, cap. 27: *PL* 42, 418.
80. *Summa Theologiae,* I-II, q. 93, a. 1.

ral a lei eterna de Deus, está, por isso mesmo, em condições de indicar ao homem a justa direção do seu livre agir.[81] Deste modo, Deus chama o homem a participar da sua providência, querendo dirigir o mundo, por meio do próprio homem, ou seja, através do seu cuidado consciencioso e responsável: não só o mundo das coisas, mas também o das pessoas humanas. Neste contexto, se situa a *lei natural* como a expressão humana da lei eterna de Deus: «Em relação às outras criaturas — escreve S. Tomás —, a criatura racional está sujeita de um modo mais excelente à divina providência, enquanto ela também se torna participante da providência ao cuidar de si própria e dos outros. Por isso, ela participa da razão eterna, graças à qual tem uma inclinação natural para o ato e o fim devidos; esta participação da lei eterna na criatura racional é chamada lei natural».[82]

44. A Igreja referiu-se freqüentemente à doutrina tomista da lei natural, assumindo-a no próprio ensinamento moral. Assim, o meu venerado predecessor Leão XIII sublinhou *a essencial subordinação da razão e da lei humana à Sabedoria de Deus e à sua lei*. Depois de dizer que «a *lei natural* está escrita e esculpida no coração de todos e de cada um dos homens, visto que esta não é mais do que a mesma razão humana enquanto nos ordena fazer o bem e intima a não pecar», Leão XIII re-

81. Cf. *ibid.*, I-II, q. 90, a. 4, ad 1um.
82. *Ibid.*, I-II, q. 91, a. 2.

mete para a «razão mais elevada» do divino Legislador: «Mas esta prescrição da razão humana não poderia ter força de lei, senão fosse a voz e a intérprete de uma razão mais alta, à qual o nosso espírito e a nossa liberdade devem estar submetidos». De fato, a força da lei reside na sua autoridade de impor deveres, conferir direitos e aplicar a sanção a certos comportamentos: «Ora nada disso poderia existir no homem, se fosse ele mesmo a estipular, como legislador supremo, a norma das suas ações». E conclui: «Dai decorre que a lei natural é *a mesma lei eterna,* inscrita nos seres dotados de razão, que os inclina *para o ato e o fim que lhes convém;* ela é a própria razão eterna do Criador e governador do universo».[83]

O homem pode reconhecer o bem e o mal, graças àquele discernimento entre o bem e o mal que ele mesmo realiza com a sua razão, em particular com a sua *razão iluminada pela Revelação divina e pela fé,* em virtude da lei que Deus outorgou ao povo eleito, a começar pelos mandamentos do Sinai. Israel foi chamado a acolher e viver *a lei de Deus* como *particular dom e sinal da eleição e da Aliança divina,* e, ao mesmo tempo, como garantia da bênção de Deus. Assim Moisés podia dirigir-se aos filhos de Israel, perguntando-lhes: «Que povo há tão grande que tenha deuses como o Senhor, nosso Deus, sempre pronto a atender-nos quando O invocamos? Qual é o grande povo, que

---

83. Cart. enc. *Libertas Praestantissimum* (20 de Junho de 1888): *Leonis XIII P.M. Acta,* VIII, Romae 1889, 219.

possua mandamentos e preceitos tão justos como esta Lei que hoje vos apresento? (*Dt* 4,7-8). Nos *Salmos,* encontramos os sentimentos de louvor, gratidão e veneração que o povo eleito é chamado a nutrir pela lei de Deus, a par da exortação a conhecê-la, meditá-la e levá-la à vida: «Feliz do homem que não segue o conselho dos ímpios, não se detém no caminho dos pecadores, nem toma assento na reunião dos enganadores; antes, põe o seu enlevo na lei do Senhor e sobre ela medita, dia e noite» (*Sl* 1,1-2); «A lei do Senhor é perfeita, reconforta o espírito; os seus testemunhos são fiéis, tornam sábio o homem simples. Os seus mandamentos são retos, deleitam o coração; os seus preceitos são puros, iluminam os olhos» (*Sl* 18/19,8-9).

45.   A Igreja acolhe com gratidão e guarda com amor todo o depósito da Revelação, tratando-o com religioso respeito e cumprindo a sua missão de interpretar autenticamente a lei de Deus à luz do Evangelho. Além disso, a Igreja recebe como dom a *nova Lei,* que é o «cumprimento» da lei de Deus em Jesus Cristo e no seu Espírito: é uma lei «interior» (cf. *Jr* 31,31-33), «escrita, não com tinta, mas com o Espírito de Deus vivo, não em tábuas de pedra, mas em tábuas de carne, nos nossos corações» (*2Cor* 3,3); uma lei de perfeição e de liberdade (cf. *2Cor* 3,17); é «a lei do Espírito de vida em Cristo Jesus» (*Rm* 8,2). A propósito desta lei, escreve S. Tomás: «Esta pode ser denominada lei

num duplo sentido. Primeiramente, lei do espírito é o Espírito Santo (...) que, habitando na alma, não só ensina o que é necessário realizar pela iluminação da inteligência sobre as coisas a serem cumpridas, mas inclina também a agir com retidão (...) Num segundo sentido, lei do espírito pode designar o efeito próprio do Espírito Santo, ou seja, a fé que atua pela caridade (*Gl* 5,6), a qual, portanto, ensina interiormente sobre as coisas que devem ser feitas (...) e inclina o afeto a agir».[84] Apesar de habitualmente, na reflexão teológico-moral, se distinguir a lei de Deus positiva ou revelada da lei natural, e, na economia da salvação, a lei «antiga» da lei «nova», não se pode esquecer que estas e outras distinções úteis referem-se sempre à lei, cujo autor é o mesmo e único Deus e o destinatário é o homem. As diversas maneiras como, na história, Deus cuida do mundo e do homem, não só não se excluem entre si, mas, pelo contrário, apóiam-se e compenetram-se mutuamente. Todas elas derivam e terminam no sábio e amoroso desígnio eterno com que Deus predestina os homens «a serem conformes à imagem do seu Filho» (*Rm* 8,29). Neste desígnio, não há qualquer ameaça à verdadeira liberdade do homem: pelo contrário, o seu acolhimento é o único caminho para a afirmação da liberdade.

84. *In Epistulam ad Romanos*, c. VIII, liç. 1.

*«O que a lei ordena
está escrito nos seus corações»* (*Rm* 2,15)

46. O suposto conflito entre liberdade e lei afirma-se hoje com especial intensidade no caso da lei natural, e particularmente no que se refere à natureza. Na verdade, os *debates sobre natureza e liberdade* acompanharam sempre a história da reflexão moral, subindo de tom no Renascimento e na Reforma, como se pode deduzir dos ensinamentos do Concílio de Trento.[85] A época contemporânea está caracterizada por uma tensão análoga, mesmo se num sentido diferente: o gosto pela observação empírica, os processos de objetivação cientifica, o progresso técnico, algumas formas de liberalismo levaram a contrapor os dois termos, como se a dialética — senão mesmo o conflito — entre liberdade e natureza fosse uma característica estrutural da história humana. Em outras épocas, parecia que a «natureza» submetesse totalmente o homem aos seus dinamismos e até aos seus determinismos. Ainda hoje, as coordenadas espácio-temporais do mundo sensível, as constantes físico-químicas, os dinamismos corpóreos, os impulsos psíquicos, os condicionamentos sociais parecem ser, para muitos, os únicos fatores realmente decisivos das realidades humanas. Neste contexto, também os fatos morais, não obstante a sua especificidade, são com freqüência tratados como se fossem dados estatisticamente comprová-

---

85. Cf. Sess. VI, Decr. sobre a justificação *Cum hoc tempore,* cap. 1: *DS,* 1521.

veis, como comportamentos observáveis ou explicáveis somente com as categorias dos mecanismos psico-sociais. E assim *alguns estudiosos de ética*, obrigados por profissão a examinar os fatos e os gestos do homem, podem ser tentados a medir a própria ciência, senão as suas prescrições, baseando-se numa relação estatística dos comportamentos humanos concretos e as opiniões morais da maioria.

Outros moralistas, pelo contrário, preocupados em educar para os valores, mantêm-se sensíveis ao prestígio da liberdade, mas com freqüência concebem-na em oposição, ou em contraste, com a natureza material e biológica, sobre a qual deveria progressivamente ir-se afirmando. A propósito disto, diferentes concepções convergem no fato de esquecerem a dimensão de criatura da natureza e desconhecerem a sua totalidade. *Para alguns*, a natureza fica reduzida a simples material ao dispor do agir humano e do seu poder: ela deveria ser profundamente transformada, antes, superada pela liberdade, dado que constituiria um seu limite e negação. *Para outros*, é na promoção ilimitada do poder humano ou da sua liberdade, que se constituem os valores econômicos, sociais, culturais e até morais: a natureza serviria para significar tudo aquilo que no homem e no mundo se coloca fora da liberdade. Tal natureza compreenderia, em primeiro lugar, o corpo humano, a sua constituição e os seus dinamismos: a este dado físico, opor-se-ia tudo o que é «construído», isto é, a «cultura», como obra e produto da liberdade. A natureza humana, assim entendida, poderia ser reduzida e tratada como mero material biológico ou social, sempre disponível. O que significa, em última análise, definir a liberdade por si mesma, tornando-a uma instância criadora de si própria e dos seus valores. Desta forma, no caso extremo, o homem nem sequer teria natureza, e seria por si mesmo o próprio projeto de existência. O homem nada mais seria que a sua liberdade!

47. Neste contexto, surgiram as *objeções de fisicismo e naturalismo* contra a concepção tradicional *da lei natural:* esta apresentaria como leis morais, leis que, em si próprias, seriam somente biológicas. Assim, com grande superficialidade, ter-se-ia atribuído a alguns comportamentos humanos um caráter permanente e imutável e, nesta base, pretender-se-ia formular normas morais válidas universalmente. Segundo alguns teólogos, semelhante «argumentação biologista ou naturalista» estaria também presente em certos documentos do Magistério da Igreja, especialmente naqueles que se referem ao âmbito da ética sexual e matrimonial. Com base numa concepção naturalista do ato sexual, teriam sido condenadas como moralmente inadimissíveis a contracepção, a esterilização direta, a masturbação, as relações pré-matrimoniais, as relações homossexuais, como também a fecundação artificial. Ora, segundo o parecer destes teólogos, a avaliação moralmente negativa de tais atos não teria em suficiente con-

sideração o caráter racional e livre do homem, nem o condicionamento cultural de cada norma moral. Dizem eles que o homem, como ser racional, não só pode, mas até *deve decidir livremente o sentido* dos seus comportamentos. Este «decidir o sentido» deverá ter em conta, obviamente, as múltiplas limitações do ser humano, que possui uma condição corpórea e histórica.

Deverá, além disso, tomar em consideração os modelos de comportamento e os significados que estes assumem numa determinada cultura. E, sobretudo, deverá respeitar o mandamento fundamental do amor de Deus e do próximo. Mas Deus — afirmam ainda — fez o homem como um ser racionalmente livre, deixou-o «entregue à sua própria decisão», e dele espera uma própria formação racional da sua vida. O amor do próximo significaria sobretudo, ou mesmo exclusivamente, respeito pela sua livre decisão de si próprio. Os mecanismos dos comportamentos típicos do homem e também das chamadas «inclinações naturais», no máximo, estabeleceriam — como dizem — uma orientação geral do comportamento correto, mas não poderiam determinar a avaliação moral de cada um dos atos humanos, tão complexos do ponto de vista das situações.

48.   Perante uma tal interpretação, ocorre considerar atentamente a reta relação que existe entre a liberdade e a natureza humana, e particularmente o *lugar que ocupa o corpo humano nas questões da lei natural*.

Uma liberdade, que pretenda ser absoluta, acaba por tratar o corpo humano como um dado bruto, desprovido de significados e de valores morais enquanto aquela não o tiver moldado com o seu projeto. Conseqüentemente a natureza humana e o corpo aparecem como *pressupostos ou preliminares*, materialmente *necessários* para a opção da liberdade, mas *extrínsecos* à pessoa, ao sujeito e ao ato humano. Os seus dinamismos não poderiam constituir pontos de referência para a opção moral, uma vez que as finalidades destas inclinações seriam só *bens «físicos»*, chamados por alguns «pré-morais». Fazer-lhes referência, para procurar indicações racionais sobre a ordem da moralidade, deveria ser qualificado como fisicismo ou biologismo. Em semelhante contexto, a tensão entre a liberdade e uma natureza concebida em sentido redutivo, termina numa divisão no mesmo homem.

Esta teoria moral não está de acordo com a verdade sobre o homem e sobre a sua liberdade. Contradiz os *ensinamentos da Igreja sobre a unidade do ser humano*, cuja alma racional é *per se et essentialiter* a forma do corpo.[86] A alma espiritual e imortal é o princípio de unidade do ser humano, é aquilo pelo qual este existe como um todo — *«corpore et anima unus»*[87] — enquanto pessoa. Es-

---

86. Cf. CONC. ECUM. DE VIENA, Const. *Fidei catholicae: DS*, 902; CONC. ECUM. DE LATRÃO, Bula *Apostolici regiminis: DS*, 1440.

87. CONC. ECUM. VAT II, Const. past. sobre a Igreja no mundo contemporâneo *Gaudium et Spes, 14*.

tas definições não indicam apenas que o corpo, ao qual é prometida a ressurreição, também participará da glória; elas lembram igualmente a ligação da razão e da vontade livre com todas as faculdades corpóreas e sensíveis. A *pessoa, incluindo o corpo, está totalmente confiada a si própria, e é na unidade da alma e do corpo que ela é o sujeito dos próprios atos morais.* A pessoa, através da luz da razão e do apoio da virtude, descobre no seu corpo os sinais prévios, a expressão e a promessa do dom de si, de acordo com o sábio desígnio do Criador. É à luz da dignidade da pessoa humana — que se afirma por si própria — que a razão depreende o valor moral específico de alguns bens, aos quais a pessoa está naturalmente inclinada. E tendo em vista que a pessoa humana não é redutível a uma liberdade que se autoprojeta, mas comporta uma estrutura espiritual e corpórea determinada, a exigência moral originária de amar e respeitar a pessoa como um fim e nunca como um simples meio, implica também, intrinsecamente, o respeito de alguns bens fundamentais, sem os quais cai-se no relativismo e no arbitrário.

49.   *Uma doutrina que separe o ato moral das dimensões corpóreas do seu exercício, é contrária aos ensinamentos da Sagrada Escritura e da Tradição:* essa doutrina faz reviver, sob novas formas, alguns velhos erros sempre combatidos pela Igreja, porquanto reduzem a pessoa humana a uma liberdade «espiritual», puramente formal. Esta re-

dução desconhece o significado moral do corpo e dos comportamentos que a ele se referem (cf. *1Cor* 6,19). O apóstolo Paulo declara excluídos do Reino dos céus os «imorais, idólatras, adúlteros, efeminados, sodomitas, ladrões, avarentos, bêbados, maldizentes e salteadores» (cf. *1Cor* 6,9-10). Tal condenação — assumida pelo Concílio de Trento[88] — enumera como «pecados mortais», ou «práticas infames», alguns comportamentos específicos, cuja aceitação voluntária impede os crentes de terem parte na herança prometida. De fato, *corpo e alma são inseparáveis:* na pessoa, no agente voluntário e no ato deliberado, eles *salvam-se ou perdem-se juntos.*

50.   Pode-se agora compreender o verdadeiro significado da lei natural: ela refere-se à natureza própria e original do homem, à «natureza da pessoa humana»,[89] que é *a pessoa mesma na unidade de alma e corpo,* na unidade das suas inclinações tanto de ordem espiritual como biológica, e de todas as outras características específicas necessárias à obtenção do seu fim. «A lei moral natural exprime e prescreve as finalidades, os direitos e os deveres que se fundamentam sobre a natureza

---

88. Cf. Sess. VI, Decr. sobre a justificação *Cum hoc tempore,* cap. 15: *DS,* 1544. A Exortação apostólica pós-sinodal sobre a reconciliação e a penitência na missão atual da Igreja cita outros textos do Antigo e do Novo Testamento, onde se condena como pecado mortal alguns comportamentos relativos ao corpo: cf. *Reconciliatio et paenitentia* (2 de Dezembro de 1984), 17: *AAS* 77 (1985), 218-223.

89. CONC. ECUM. VAT. II, Const. past. sobre a Igreja no mundo contemporâneo *Gaudium et Spes,* 51.

corporal e espiritual da pessoa humana. Portanto, não pode ser concebida como uma tendência normativa meramente biológica, mas deve ser definida como a ordem racional segundo a qual o homem é chamado pelo Criador a dirigir e regular a sua vida e os seus atos e, particularmente, a usar e dispor do próprio corpo».[90] Por exemplo, a origem e o fundamento do dever de respeitar absolutamente a vida humana devem-se encontrar na dignidade própria da pessoa, e não simplesmente na inclinação natural para conservar a própria vida física. Assim, a vida humana, mesmo sendo um bem fundamental do homem, ganha um significado moral pela referência ao bem da pessoa, que deve ser sempre afirmada por si própria: enquanto é sempre moralmente ilícito matar um ser humano inocente, pode ser lícito, louvável ou até mesmo obrigatório dar a própria vida (cf. *Jo* 15,13) por amor do próximo ou em testemunho da verdade. Na realidade, só fazendo referência à pessoa humana na sua «totalidade unificada», ou seja, «alma que se exprime no corpo e corpo informado por um espírito imortal»,[91] pode ser lido o significado especificamente humano do corpo. Com efeito, as inclinações naturais adquirem dimensão moral, apenas enquanto se referem à pessoa humana

90. CONGREGAÇÃO PARA A DOUTRINA DA FÉ, Instrução sobre o respeito da vida humana nascente e a dignidade da procriação *Donum Vitae* (22 de Fevereiro de 1987), Introd. 3: *AAS* 80 (1988), 74; cf. PAULO VI, Cart. enc. *Humanae Vitae* (25 de Julho de 1968), 10: *AAS* 60 (1968), 487-488.

91. Exort. ap. *Familiaris Consortio* (22 de Novembro de 1981), 11 *AAS* 74 (1982), 92.

e à sua autêntica realização, a qual, por seu lado, pode acontecer sempre e somente na natureza humana. Rejeitando as manipulações da corporeidade que alteram o seu significado humano, a Igreja serve o homem indicando-lhe o caminho do verdadeiro amor, o único onde ele pode encontrar o verdadeiro Deus.

A lei natural, assim entendida, não deixa espaço à divisão entre liberdade e natureza. De fato, estas estão harmonicamente ligadas entre si, e intimamente aliadas uma à outra.

«Mas, desde o princípio, não foi assim» (*Mt* 19,8)

51. O suposto conflito entre liberdade e natureza repercute-se também sobre a interpretação de alguns aspectos específicos da lei natural, sobretudo da sua *universalidade e imutabilidade*. «Onde estão, pois, escritas estas regras — perguntava-se S. Agostinho — a não ser no livro daquela luz que se chama verdade? Daqui, portanto, é ditada toda a lei justa e se transfere diretamente ao coração do homem que pratica a justiça, não vivendo aí como estrangeira, mas quase imprimindo-se nele, à semelhança da imagem que passa do anel à cera, sem abandonar todavia o anel» [92]

Graças precisamente a esta «verdade», a *lei natural implica a universalidade*. Aquela, enquanto inscrita na natureza racional da pessoa, impõe-

92. *De Trinitate*, XIV, 15, 21: *CCL* 50/A, 451.

se a todo o ser dotado de razão e presente na história. Para aperfeiçoar-se na sua ordem específica, a pessoa deve fazer o bem e evitar o mal deve vigiar pela transmissão e conservação da vida, aperfeiçoar e desenvolver as riquezas do mundo sensível, promover a vida social, procurar o verdadeiro, praticar o bem, contemplar a beleza.[93]

A cisão criada por alguns entre a liberdade dos indivíduos e a natureza comum a todos, como emerge de certas teorias filosóficas de grande repercussão na cultura contemporânea, obscurece a percepção da universalidade da lei moral por parte da razão. Mas, enquanto exprime a dignidade da pessoa humana e põe a base dos seus direitos e deveres fundamentais, a lei natural é universal nos seus preceitos e a sua autoridade estende-se a todos os homens. *Esta universalidade não prescinde da individualidade dos seres humanos,* nem se opõe à unicidade e irrepetibilidade de cada pessoa: pelo contrário, abraça pela raiz cada um dos seus atos livres, que devem atestar a universalidade do verdadeiro bem. Submetendo-se à lei comum, os nossos atos edificam a verdadeira comunhão das pessoas e, pela graça de Deus, exercem a caridade, «vínculo da perfeição» (*Cl* 3,14). Quando, pelo contrário, desconhecem ou simplesmente ignoram a lei, de forma imputável ou não, os nossos atos ferem a comunhão das pessoas, com prejuízo para todos.

93. Cf. S. TOMÁS DE AQUINO, *Summa Theologiae,* I-II, q. 94, a. 2.

52. É justo e bom, sempre e para todos, servir a Deus, prestar-lhe o culto devido e honrar verdadeiramente os pais. Tais *preceitos positivos,* que prescrevem cumprir certas ações e promover determinadas atitudes, obrigam universalmente; são imutáveis;[94] congregam no mesmo bem comum todos os homens de cada época da história, criados para «a mesma vocação e o mesmo destino divino».[95] Estas leis universais e permanentes correspondem a conhecimentos da razão prática e são aplicadas aos atos particulares através do juízo da consciência. O sujeito agente assimila pessoalmente a verdade contida na lei: apropria-se, faz sua esta verdade do seu ser, mediante os atos e as correlativas virtudes. Os *preceitos negativos* da lei natural são universalmente válidos: obrigam a todos e cada um, sempre e em qualquer circunstância. Trata-se, com efeito, de proibições que vetam uma determinada ação *semper et pro semper,* sem exceções, porque a escolha de um tal comportamento nunca é compatível com a bondade da vontade da pessoa que age, com a sua vocação à vida com Deus e à comunhão com o próximo. É proibido a cada um e sempre infringir preceitos que vinculam, todos e a qualquer preço, a não ofender

---

94. Cf. CONC. ECUM. VAT. II, Const. past. sobre a Igreja no mundo contemporâneo *Gaudium et Spes,* 10; S. CONGREGAÇÃO PARA A DOUTRINA DA FÉ, Decl. sobre algumas questões de ética sexual *Persona Humana* (29 de Dezembro de 1975), 4: *AAS* 68 (1976), 80: «na verdade, a revelação divina e, na sua ordem própria, a sabedoria filosófica fazem sobressair as exigências autênticas da humanidade, e, por isso mesmo, manifestam necessariamente a existência de leis imutáveis, inscritas nos elementos constitutivos da natureza humana, e que se revelam idênticas em todos os seres dotados de razão».

95. CONC. ECUM. VAT. II, Const. past. sobre a Igreja no mundo contemporâneo *Gaudium et Spes,* 29.

em ninguém e, antes de mais, em si próprio, a dignidade pessoal e comum a todos.

Por outro lado, o fato de que apenas os mandamentos negativos obrigam sempre e em qualquer circunstância, não significa que na vida moral as proibições sejam mais importantes que o compromisso de praticar o bem indicado pelos mandamentos positivos. O motivo é sobretudo o seguinte: o mandamento do amor de Deus e do próximo não tem, na sua dinâmica positiva, qualquer limite superior, mas possui limite inferior, abaixo do qual se viola o mandamento. Além disso, o que deve ser feito numa determinada situação depende das circunstâncias, que não se podem prever todas de antemão; pelo contrário, há comportamentos que em nenhuma situação e jamais podem ser uma resposta adequada — isto é, conforme à dignidade da pessoa. Enfim, é sempre possível que o homem, por coação ou por outras circunstâncias, seja impedido de levar a cabo determinadas ações boas; porém, nunca pode ser impedido de não fazer certas ações, sobretudo se ele está disposto a morrer antes que fazer o mal.

A Igreja sempre ensinou que nunca se devem escolher comportamentos proibidos pelos mandamentos morais, expressos de forma negativa no Antigo e no Novo Testamento. Como vimos, Jesus mesmo reitera a irrevogabilidade destas proibições: «Se queres entrar na vida, cumpre os mandamentos (...): não matarás; não cometerás adultério; não roubarás, não levantarás falso testemunho» (*Mt* 19,17-18).

53. A grande sensibilidade, que o homem contemporâneo testemunha pela historicidade e pela cultura, leva alguns a duvidar da *imutabilidade da* mesma *lei natural,* e conseqüentemente, da existência de «normas objetivas de moralidade»[96] válidas para todos os homens do presente e do futuro, como o foram já para os do passado: será possível afirmar como válidas universalmente para todos e sempre permanentes certas determinações racionais estabelecidas no passado, quando se ignorava o progresso que a humanidade haveria de fazer posteriormente?

Não se pode negar que o homem sempre existe dentro de uma cultura particular, mas também não se pode negar que o homem não se esgota nesta mesma cultura. De resto, o próprio progresso das culturas demonstra que, no homem, existe algo que transcende as culturas. Este «algo» é precisamente *a natureza do homem:* esta natureza é exatamente a medida da cultura, e constitui a condição para que o homem não seja prisioneiro de nenhuma das suas culturas, mas afirme a sua dignidade pessoal pelo viver conforme à verdade profunda do seu ser. Pôr em discussão os elementos estruturais permanentes do homem, conexos também com a própria dimensão corpórea, não só estaria em conflito com a experiência comum, mas tornaria incompreensível *a referência que Jesus fez ao «princípio»,* precisamente onde o contexto social e cultural da época tinha deformado o sen-

96. Cf. *ibid.,* 16.

tido original e o papel de algumas normas morais (cf. *Mt* 19,1-9). Neste sentido, a Igreja afirma que «subjacentes a todas as transformações, há muitas coisas que não mudam, *cujo último fundamento é Cristo,* o mesmo ontem, hoje e para sempre».[97] É ele o «Princípio» que, tendo assumido a natureza humana, a ilumina definitivamente nos seus elementos constitutivos e no seu dinamismo de caridade para com Deus e o próximo.[98]

Ocorre, sem dúvida, procurar e encontrar, para as normas morais universais e permanentes, *a formulação mais adequada* aos diversos contextos culturais, mais capaz de lhes exprimir incessantemente a atualidade histórica, de fazer compreender e interpretar autenticamente a sua verdade. Esta verdade da lei moral — como a do «depósito da fé» — explicita-se ao longo dos séculos: as normas que a exprimem, permanecem válidas em sua substância, mas devem ser precisadas e determinadas *«eodem sensu eademque sententia»*[99] conforme as circunstâncias históricas do Magistério da Igreja, cuja decisão é precedida e acompanhada pelo esforço de leitura e de formulação próprio da razão dos crentes e da reflexão teológica.[100]

97. *Ibid.*, 10.

98. Cf. S. TOMÁS DE AQUINO, *Summa Theologiae* I-II, q. 108, a. 1. O autor fundamenta o caráter não meramente formal mas com base no próprio conteúdo das normas morais, inclusive no âmbito da Nova Lei, na assunção da natureza humana pelo Verbo.

99. S. VICENTE DE LERINS, *Commonitorium primum*, c. 23: *PL* 50, 668.

100. O desenvolvimento da doutrina moral da Igreja é semelhante ao da doutrina da fé: cf. CONC. ECUM. VAT. I, Const. dogm. sobre a fé católica *Dei Filius*, cap. 4: *DS, 3020*, e cân. 4: *DS*, 3024. Também à doutrina moral se

II. A CONSCIÊNCIA E A VERDADE

O santuário do homem

54. A relação que existe entre a liberdade do homem e a lei de Deus tem a sua sede viva no «coração» da pessoa, ou seja, na sua *consciência moral:* «No fundo da própria consciência — escreve o Concílio Vaticano II — o homem descobre uma lei que não se impôs a si mesmo, mas à qual deve obedecer; essa voz, que sempre o está a chamando ao amor do bem e fuga do mal, soa no momento oportuno, na intimidade do seu coração: faze isto, evita aquilo. O homem tem no coração uma lei escrita pelo próprio Deus: a sua dignidade está em obedecer-lhe, e por ela é que será julgado (cf. *Rm* 2,14-16)».[101]

Por isso, o modo como se concebe a relação entre a liberdade e a lei está ligado intimamente com a interpretação que se atribui à consciência moral. Neste sentido, as tendências culturais acima indicadas, que contrapõem e separam entre si a liberdade e a lei, e exaltam idolatricamente a liberdade, conduzem a uma *interpretação «criati-*

aplicam as palavras pronunciadas por João XXIII, na ocasião da abertura do Concílio Vaticano II (11 de Outubro de 1962): «É necessário que esta doutrina (a doutrina cristã na sua integridade) certa e imutável, que deve ser fielmente respeitada, seja aprofundada e exposta de modo que responda às exigências da nossa época. De facto, uma coisa é o depósito da fé em si próprio, isto é, as verdades contidas na nossa venerável doutrina, e outra é a forma em que estas verdades são enunciadas, mantendo-lhes, porém, o mesmo sentido e o mesmo alcance»: *AAS* 54 (1962), 792; cf. «L'Osservatore Romano», 12 de Outubro de 1962, pág. 2.

101. Const. past. sobre a Igreja no mundo contemporâneo *Gaudium et Spes,* 16.

va» da consciência moral, que se afasta da posição da tradição da Igreja e do seu Magistério.

55. Segundo a opinião de vários teólogos, a função da consciência teria sido reduzida, pelo menos num certo período do passado, a uma simples aplicação de normas morais gerais aos casos individuais da vida da pessoa. Mas, tais normas — dizem — não podem ser capazes de acolher e respeitar toda a irrepetível especificidade de cada um dos atos concretos das pessoas; podem, de algum modo, contribuir para uma justa avaliação da situação, mas não podem substituir as pessoas quando tomam uma *decisão* pessoal sobre o modo como comportar-se nos determinados casos particulares. Mais, a crítica acima indicada à interpretação tradicional da natureza humana e da sua importância para a vida moral induz alguns autores a afirmarem que estas normas não são tanto um critério objetivo vinculante para os juízos da consciência, como sobretudo uma *perspectiva geral* que ajuda o homem, numa primeira estimativa, a ordenar a sua vida pessoal e social. Além disso, eles põem em relevo a *complexidade* típica do fenômeno da consciência: esta relaciona-se profundamente com toda a esfera psicológica e afetiva e com os múltiplos influxos do ambiente social e cultural da pessoa. Por outro lado, exalta-se ao máximo o valor da consciência, que o próprio Concílio definiu «o santuário do homem, no qual se encontra a sós com Deus, cuja voz se faz ouvir na intimidade

do seu ser»,[102] Esta voz — diz-se — induz o homem não tanto a uma observância meticulosa das normas universais, como sobretudo a uma assunção criativa e responsável das tarefas pessoais que Deus lhe confia.

Ao querer pôr em evidência o caráter «criativo» da consciência, alguns autores já não chamam os seus atos com o nome de «juízos», mas «decisões»: só assumindo «autonomamente» estas decisões é que o homem poderia alcançar a sua maturidade moral. Não falta mesmo quem considere que este processo de amadurecimento seria dificultado pela posição demasiado categórica, que, em muitas questões morais, assume o Magistério da Igreja, cujas intervenções seriam causa do despertar de inúteis *conflitos de consciência* nos fiéis.

56.   Para justificar semelhantes posições, alguns propuseram uma espécie de duplo estatuto da verdade moral. Para além do nível doutrinal e abstrato, seria necessário reconhecer a originalidade de uma certa consideração existencial mais concreta. Esta, tendo em conta as circunstâncias e a situação, poderia legitimamente estabelecer *exceções à regra geral* permitindo desta forma cumprir praticamente, em boa consciência, aquilo que a lei moral qualifica como intrinsecamente mau. Deste modo, instala-se, em alguns casos, uma separação, ou até oposição entre a doutrina do preceito válido em geral e a norma da consciência

102. *Ibid.*

individual, que decidiria, de fato, em última instância, o bem e o mal. Sobre esta base, pretende-se estabelecer a legitimidade de soluções chamadas «pastorais», contrárias aos ensinamentos do Magistério, e justificar uma hermenêutica «criadora», segundo a qual a consciência moral não estaria de modo algum obrigada, em todos os casos, por um preceito negativo particular.

É impossível não ver como, nestas posições, é posta em questão a *identidade mesma da consciência moral*, face à liberdade do homem e à lei de Deus. Apenas o esclarecimento precedente sobre a relação entre liberdade e lei, apoiada na verdade, torna possível o discernimento acerca desta interpretação «criativa» da consciência.

O juízo da consciência

57. O mesmo texto da *Carta aos Romanos*, que nos fez ver a essência da lei natural, também indica o *sentido bíblico da consciência*, especialmente *na sua conexão específica com a lei:* «Porque, quando os gentios, que não têm lei, cumprem naturalmente os preceitos da lei, não tendo eles lei, a si mesmos servem de lei. Deste modo, demonstram que o que a lei ordena está escrito nos seus corações, dando-lhes testemunho disso a sua consciência e os seus pensamentos, quer acusando-os, quer defendendo-os» (*Rm* 2,14-15).

De acordo com as palavras de S. Paulo, a consciência, de certo modo, põe o homem perante a lei, tornando-se ela mesma «*testemunha*» *para o homem:* testemunha da sua fidelidade ou infidelidade relativamente à lei, ou seja, da sua essencial retidão ou maldade moral. A consciência é a única testemunha: o que acontece na intimidade da pessoa fica velado aos olhos de quem vê de fora. Ela dirige o seu testemunho somente à própria pessoa. E, por sua vez, só esta conhece a própria resposta à voz da consciência.

58.   Jamais se apreciará adequadamente a importância deste íntimo *diálogo do homem consigo mesmo*. Mas, na verdade, este é *o diálogo do homem com Deus,* autor da lei, modelo primeiro e fim último do homem. «A consciência — escreve S. Boaventura — é como o arauto de Deus e o seu mensageiro, e o que diz não o ordena de si própria mas como proveniente de Deus, à semelhança de um arauto quando proclama o edito do rei. E disto deriva o fato de a consciência ter a força de obrigar»,[103] Portanto, pode-se dizer que a consciência dá ao próprio homem o testemunho da sua retidão ou da sua maldade, mas conjuntamente, e antes mesmo, é *testemunho do próprio Deus,* cuja voz e juízo penetram no íntimo do homem até às raízes da sua alma, chamando-o *fortiter et suaviter* à obediência: «A consciência moral não encerra o homem dentro de uma solidão intransponível e impenetrável, mas abre-o à chamada, à voz de Deus.

103. *In II Librum Sentent.,* dist. 39, a. 1, q. 3, concl.: Ed. Ad Claras Aquas, II, 907 b.

Nisto, e em nada mais, se encontra todo o mistério e dignidade da consciência moral: em ser o lugar, o espaço santo no qual Deus fala ao homem».[104]

59. S. Paulo não se limita a reconhecer que a consciência faz de «testemunha», mas revela também o modo como ela cumpre uma tal função. Trata-se de «pensamentos», que acusam ou defendem os gentios relativamente aos seus comportamentos (cf. *Rm* 2,15). O termo «pensamentos» põe em evidência o caráter próprio da consciência, o de ser um *juízo moral sobre o homem e sobre os seus atos:* é um juízo de absolvição ou de condenação, segundo os atos humanos são ou não conformes com a lei de Deus inscrita no coração. E é precisamente acerca do julgamento dos atos e, simultaneamente, do seu autor e do momento da sua definitiva atuação que fala o Apóstolo, no mesmo texto: «Como se verá no dia em que Deus julgar, por Jesus Cristo, as ações secretas dos homens, segundo o meu Evangelho» (*Rm* 2,16).

O juízo da consciência é um *Juízo prático, ou* seja, um juízo que dita aquilo que o homem deve fazer ou evitar, ou então avalia um ato já realizado por ele. É um juízo que aplica a uma situação concreta a convicção racional de que se deve amar e fazer o bem e evitar o mal. Este primeiro princípio da razão prática pertence à lei natural, mais,

---

104. *Discurso* (Audiência Geral, 17 de Agosto de 1983), 2: *Insegnamenti*, VI, 2 (1983), 256.

constitui o seu próprio fundamento, enquanto exprime aquela luz originária sobre o bem e o mal, reflexo da sabedoria criadora de Deus, que, como uma centelha indelével *(scintilla animae),* brilha no coração de cada homem. Mas, enquanto a lei natural põe em evidência as exigências objetivas e universais do bem moral, a consciência é a aplicação da lei ao caso particular, a qual se torna assim para o homem um ditame interior, uma chamada a realizar o bem na realidade concreta da situação. A consciência formula assim a *obrigação moral* à luz da lei natural: é a obrigação de fazer aquilo que o homem, mediante o ato da sua consciência, *conhece* como um bem que lhe é imposto *aqui e agora.* O caráter universal da lei e da obrigação não é anulado, antes fica reconhecido, quando a razão determina as suas aplicações na realidade concreta. O juízo da consciência afirma por último a conformidade de um certo comportamento concreto com a lei; ele formula a norma próxima da moralidade de um ato voluntário, realizando «a aplicação da lei objetiva a um caso particular».[105]

60. Tal como a mesma lei natural e cada conhecimento prático, também o juízo da consciência tem caráter imperativo: o homem *deve agir* de acordo com ele. Se o homem age contra esse juízo, ou realiza um determinado ato ainda sem a certe-

---

105. CONGREGAÇÃO DO SANTO OFÍCIO, Instr. sobre a «ética da situação» *Contra doctrinam* (2 de Fevereiro de 1956): *AAS* 48 (1956), 144.

za da sua retidão e bondade, é condenado pela própria consciência, *norma próxima da moralidade pessoal*. A dignidade desta instância racional e a autoridade da sua voz e dos seus juízos derivam da *verdade* sobre o bem e o mal moral, que aquela é chamada a escutar e a exprimir.

Esta verdade é indicada pela «lei divina», *norma universal e objetiva da moralidade*. O juízo da consciência não estabelece a lei, mas atesta a autoridade da lei natural e da razão prática face ao bem supremo, do qual a pessoa humana se sente atraída e acolhe os mandamentos: «A consciência não é uma fonte autônoma e exclusiva para decidir o que é bom e o que é mau; pelo contrário, nela está inscrito profundamente um princípio de obediência relacionado com a norma objetiva, que fundamenta e condiciona a conformidade das suas decisões com os mandamentos e as proibições que estão na base do comportamento humano».[106]

61. A verdade sobre o bem moral, declarada na lei da razão, é reconhecida prática e concretamente pelo juízo da consciência, o qual leva a assumir a responsabilidade do bem realizado e do mal cometido: se o homem comete o mal, o reto juízo da sua consciência permanece nele testemunha da verdade universal do bem, como também da malícia da sua escolha particular. Mas o veredicto da

---

106. Cart. enc. *Dominum et vivificantem* (18 de Maio de 1986), 43: *AAS* 78 (1986), 859; cf. CONC. ECUM. VAT. II, Const. past. sobre a Igreja no mundo contemporâneo *Gaudium et Spes*, 16; Decl. sobre a liberdade religiosa *Dignitatis Humanae*, 3.

consciência permanece nele ainda como um penhor de esperança e de misericórdia: enquanto atesta o mal cometido, lembra também o perdão a pedir, o bem a praticar e a virtude a cultivar sempre, com a graça de Deus.

Desta forma, *no juízo prático da consciência*, que impõe à pessoa a obrigação de cumprir um determinado ato, *revela-se o vínculo da liberdade com a verdade*. Precisamente por isso a consciência se exprime com atos de «juízo» que refletem a verdade do bem, e não com «decisões» arbitrárias. E a maturidade e responsabilidade daqueles juízos — e, em definitivo, do homem que é o seu sujeito — medem-se, não pela libertação da consciência da verdade objetiva em favor de uma suposta autonomia das próprias decisões, mas, ao contrário, por uma procura insistente da verdade deixando-se guiar por ela no agir.

Procurar a verdade e o bem

62.   A consciência, como juízo de um ato, não está isenta da possibilidade de erro. «Não raro porém acontece que a consciência erra, por ignorância invencível, sem por isso perder a própria dignidade. Outro tanto não se pode dizer quando o homem se descuida de procurar a verdade e o bem, e quando a consciência se vai progressivamente cegando, com o hábito do pecado».[107] Com estas breves palavras, o Concílio oferece uma sín-

---

107. Const. past. sobre a Igreja no mundo contemporâneo *Gaudium et Spes*, 16.

tese da doutrina que a Igreja, ao longo dos séculos, elaborou sobre a *consciência errônea*.

Sem dúvida, o homem, para ter uma «boa consciência» (*1Tm* 1,5), deve procurar a verdade e julgar segundo esta mesma verdade. Como diz o apóstolo Paulo, a consciência deve ser iluminada pelo Espírito Santo (cf. *Rm* 9,1), deve ser «pura» (*2Tm* 1,3), não deve com astúcia adulterar a palavra de Deus, mas manifestar claramente a verdade (cf. *2Cor* 4,2). Por outro lado, o mesmo Apóstolo adverte os cristãos, dizendo: «Não vos conformeis com a mentalidade deste mundo mas transformai-vos pela renovação da vossa mente, a fim de conhecerdes a vontade de Deus: o que é bom, o que lhe é agradável e o que é perfeito» (*Rm* 12,2).

O aviso de Paulo convida-nos à vigilância, advertindo-nos de que, nos juízos da nossa consciência, sempre se esconde a possibilidade do erro. Ela *não é um juiz infalível:* pode errar. Todavia o erro da consciência pode ser fruto de uma ignorância invencível, isto é, de uma ignorância de que o sujeito não é consciente e donde não pode sair sozinho.

Quando essa ignorância invencível não é culpável, lembra-nos o Concílio, a consciência não perde a sua dignidade, porque ela, mesmo orientando-nos efetivamente de um modo discordante com a ordem moral objetiva, não deixa de falar em nome daquela verdade do bem que o sujeito é chamado a procurar sinceramente.

63. De qualquer forma, é sempre da verdade que deriva a dignidade da consciência: no caso da consciência reta, trata-se da *verdade objetiva* acolhida pelo homem; no da consciência errônea, trata-se daquilo que o homem errando considera *subjetivamente verdadeiro*. Nunca é aceitável confundir um erro «subjetivo» acerca do bem moral com a verdade «objetiva», racionalmente proposta ao homem em virtude do seu fim, nem equiparar o valor moral do ato cumprido com uma consciência verdadeira e reta, àquele realizado seguindo o juízo de uma consciência errônea.[108] O mal cometido por causa de uma ignorância invencível ou de um erro de juízo não culpável, pode não ser imputado à pessoa que o realiza; mas, também neste caso, aquele não deixa de ser um mal, uma desordem face à verdade do bem. Além disso, o bem não reconhecido não contribui para o crescimento moral da pessoa que o cumpre: não a aperfeiçoa nem serve para encaminhá-la ao supremo bem. Assim, antes de nos sentirmos facilmente justificados em nome da nossa consciência, deveriamos meditar nas palavras do Salmo: «Quem poderá discernir todos os erros? Purificai-me das faltas escondidas» (*Sl* 19,13). Existem faltas que não conseguimos ver e que, não obstante, permanecem culpáveis, porque nos recusamos a caminhar para a luz (cf. *Jo* 9,39-41).

A consciência, como juízo último concreto, compromete a sua dignidade quando é *culpavelmente*

---

108. Cf. S. TOMÁS DE AQUINO, *De Veritate*, q. 17, a. 4.

errônea, ou seja, «quando o homem não se preocupa de buscar a verdade e o bem, e quando a consciência se torna quase cega em conseqüência do hábito ao pecado».[109] Jesus alude aos perigos da deformação da consciência, quando admoesta: «A lâmpada do corpo é o olho; se o teu olho estiver são, todo o teu corpo andará iluminado. Se, porém, o teu olho for mau, todo o teu corpo andará em trevas. Portanto, se a luz que há em ti são trevas, quão grandes serão essas trevas!» (*Mt* 6, 22-23).

64. Nas palavras de Jesus agora referidas, encontramos também o apelo para *formar a* consciência, fazendo-a objeto de contínua conversão à verdade e ao bem. Análoga é a exortação do Apóstolo a não se conformar com a mentalidade deste mundo, mas a transformar-se pela renovação da própria mente (cf. *Rm* 12,2). Na verdade, o «coração» convertido ao Senhor e ao amor do bem é a fonte dos juízos *verdadeiros* da consciência. Com efeito, «para poder conhecer a vontade de Deus, o que é bom, o que lhe é agradável e o que é perfeito» (*Rm* 12,2), é necessário o conhecimento da lei de Deus em geral, mas aquele não é suficiente: é indispensável uma espécie de «*conaturalidade*» entre *o homem e o verdadeiro bem.*[110] Esta conaturalidade fundamenta-se e desenvolve-se nos comportamentos virtuosos do mesmo homem: a prudên-

---

109. CONC. ECUM. VAT. II, Const. past. sobre a Igreja no mundo contemporâneo *Gaudium et Spes,* 16.

110. Cf. S. TOMÁS DE AQUINO, *Summa Theologiae,* II-II, q. 45, a. 2.

cia e as outras virtudes cardeais, e, antes ainda as virtudes teologais da fé, esperança e caridade. Neste sentido, disse Jesus: «Quem pratica a verdade aproxima-se da luz» (*Jo* 3,21).

Uma grande ajuda para a formação da consciência têm-na os cristãos, *na Igreja e no seu Magistério*, como afirma o Concílio: «Os fiéis, por sua vez, para formarem a sua própria consciência, devem atender diligentemente à doutrina sagrada e certa da Igreja. Pois, por vontade de Cristo, a Igreja Católica é mestra da verdade, e tem por encargo dar a conhecer e ensinar autenticamente a Verdade que é Cristo, e ao mesmo tempo declara e confirma, com a sua autoridade, os princípios de ordem moral que dimanam da natureza humana»[111] Portanto, a autoridade da Igreja, que se pronuncia sobre as questões morais, não lesa de modo algum a liberdade de consciência dos cristãos: não apenas porque a liberdade da consciência nunca é liberdade «da» verdade, mas sempre e só «na» verdade; mas também porque o Magistério não apresenta à consciência cristã verdades que lhe são estranhas, antes manifesta as verdades que deveria já possuir, desenvolvendo-as a partir do ato originário da fé. A Igreja põe-se sempre e só ao *serviço da consciência*, ajudando-a a não se deixar levar cá e lá por qualquer sopro de doutrina, ao sabor da maldade dos homens (cf. *Ef* 4,14), a não se desviar da verdade sobre o bem do homem,

---

111. Decl. sobre a liberdade religiosa *Dignitatis Humanae*, 14.

mas, especialmente nas questões mais difíceis, a alcançar com segurança a verdade e a permanecer nela.

III. A OPÇÃO FUNDAMENTAL E OS COMPORTAMENTOS CONCRETOS

«Não tomeis, porém, a liberdade,
como pretexto para servir a carne» (Gl 5,13)

65. O interesse pela liberdade, hoje particularmente sentido, induz muitos estudiosos de ciências, quer humanas quer teológicas, a desenvolver uma análise mais profunda da sua natureza e dos seus dinamismos. Salienta-se acertadamente que a liberdade não é só a escolha desta ou daquela ação particular; mas é também, dentro duma tal escolha, *decisão sobre si mesmo* e determinação da própria vida a favor ou contra o Bem, a favor ou contra a Verdade, em última análise, a favor ou contra Deus. Justamente se destaca a elevada importância de algumas opções, que dão «forma» a toda a vida moral de um homem, configurando-se como o sulco dentro do qual poderão encontrar espaço e incremento as demais escolhas cotidianas particulares.

Alguns autores, porém, propõem uma revisão bem mais radical da *relação entre pessoa e atos.* Falam de uma «liberdade fundamental», mais profunda e diversa da liberdade de escolha, fora da qual não se poderiam compreender nem julgar corretamente os atos humanos. De acordo com esses autores, o *papel chave na vida moral* deveria ser atribuído a uma «opção fundamental», atuada por aquela liberdade fundamental, com que a pessoa decide globalmente de si própria, não através de uma escolha determinada e consciente a nível reflexo, mas de maneira «transcendental» e «atemática». Os *atos particulares,* derivados desta opção, constituiriam somente tentativas parciais e nunca decisivas de exprimi-la, seriam apenas «sinais» ou sintomas dela. Objeto imediato destes atos — diz-se — não é o Bem absoluto (diante do qual se exprimiria, a nível transcendental, a liberdade da pessoa), mas são os bens particulares (também chamados «categoriais»). Ora, segundo a opinião de alguns teólogos, nenhum destes bens, por sua natureza parciais, poderia determinar a liberdade do homem como pessoa na sua totalidade, mesmo que o homem só pudesse exprimir a própria opção fundamental, mediante a sua realização ou a sua recusa.

Deste modo, chega-se a introduzir uma *distinção entre a opção fundamental e as escolhas deliberadas de um comportamento concreto,* uma distinção que, em alguns autores, assume a forma de uma separação, já que eles restringem expressamente o «bem» e o «mal» moral à dimensão transcendental própria da opção fundamental, qualificando como «justas» ou «erradas» as escolhas de comportamentos particulares «intramundanos», isto é, referentes às relações do homem consigo próprio, com os outros e com o mundo das coisas. Parece assim delinear-se, no interior do agir humano, uma cisão entre dois níveis de moralidade: por um lado, a ordem do bem e do mal que depende da vontade, e, por outro, os comportamentos determinados, que são julgados como moralmente justos ou errados, somente em função de um cálculo técnico da proporção entre bens e males «pré-morais» ou «físicos», que efetivamente resultam da ação. E isto até ao ponto de um comportamento concreto, mesmo escolhido livremente, ser considerado como um processo simplesmente físico, e não segundo os critérios próprios de um ato humano. O resultado a que se chega, é reservar a qualificação propriamente moral da pessoa à opção fundamental, subtraindo-a total ou parcialmente à escolha dos atos particulares, dos comportamentos concretos.

66. Não há dúvida que a doutrina moral cristã, em suas mesmas raízes bíblicas, reconhece a importância específica de uma opção fundamental que qualifica a vida moral e que compromete radicalmente a liberdade diante de Deus. Trata-se da *escolha da fé*, da *obediência da fé* (cf. *Rm* 16,26), pela qual «o homem entrega-se total e livremente a Deus prestando "a Deus revelador o obséquio pleno da inteligência e da vontade"».[112] Esta fé, que opera mediante a caridade (cf. *Gl* 5,6), pro-

---

112. CONC. ECUM. VAT. II, Const. sobre a Divina Revelação *Dei Verbum*, 5; cf. CONC. ECUM. VAT. I, Const. dogm. sobre a fé católica *Dei Filius*, cap. 3: *DS*, 3008.

vém do mais íntimo do homem, do seu «coração» (cf. *Rm* 10,10), e daí é chamada a frutificar nas obras (cf. *Mt* 12,33-35; *Lc* 6,43-45; *Rm* 8,5-8; *Gl* 5,22). No Decálogo ao início dos diversos mandamentos, aparece a cláusula fundamental: «Eu sou o Senhor, teu Deus...» *(Ex* 20,2), a qual, imprimindo o sentido original às múltiplas e variadas prescrições particulares, assegura à moral da Aliança uma fisionomia de globalidade, unidade e profundidade. A opção fundamental de Israel refere-se então ao mandamento fundamental (cf. *Js* 24,14-25; *Ex* 19,3-8; *Mq* 6,8). Também a moral da Nova Aliança está dominada pelo apelo fundamental de Jesus para o «seguir» — assim diz ele ao jovem: «Se queres ser perfeito (...) vem e segue-me» *(Mt* 19,21) —: a este apelo, o discípulo responde com uma decisão e escolha radical. As parábolas evangélicas do tesouro e da pérola preciosa, pela qual se vende tudo o que se possui, são imagens eloqüentes e efetivas do caráter radical e incondicionado da opção exigida pelo Reino de Deus. A radicalidade da escolha de seguir Jesus está maravilhosamente expressa nas suas palavras: «O que quiser salvar a sua vida, perdê-la-á; mas o que perder a sua vida por amor de mim e do Evangelho, salvá-la-á» *(Mc* 8,35).

O apelo de Jesus «vem e segue-me» indica a máxima exaltação possível da liberdade do homem e, ao mesmo tempo, atesta a verdade e a obrigação de atos de fé e de decisões que se podem designar como opção fundamental. Uma análoga exaltação da liberdade humana, encontramo-la nas palavras de S. Paulo: «Vós, irmãos, fostes chamados à liberdade» (*Gl* 5,13). Mas o Apóstolo acrescenta imediatamente uma grave admoestação: «Não tomeis, porém, a liberdade como pretexto para servir a carne». Nesta advertência, ressoam as suas palavras precedentes: «Cristo nos libertou, para que permaneçamos livres. Ficai, portanto, firmes e não vos submetais outra vez ao jugo da escravidão» (*Gl* 5,1).

O apóstolo Paulo convida-nos à vigilância: a liberdade está sempre ameaçada pela insídia da escravidão. E é precisamente este o caso de um ato de fé — no sentido de uma opção fundamental — que seja separado da escolha dos atos particulares, conforme opinavam as tendências acima recordadas.

67. Estas tendências são, pois, contrárias ao ensinamento bíblico, que concebe a opção fundamental como uma verdadeira e própria escolha da liberdade e une profundamente uma tal escolha com os atos particulares. Pela opção fundamental, o homem é capaz de orientar a sua vida e tender, com a ajuda da graça, para o seu fim, seguindo o apelo divino. Mas esta capacidade exercita-se, de fato, nas escolhas particulares de atos determinados, pelos quais o homem se conforma deliberadamente com a vontade, a sabedoria e a lei de Deus. Portanto, deve-se afirmar que *a chamada opção fundamental, na medida em que se diferencia de*

uma intenção genérica e, por conseguinte, ainda não determinada numa forma vinculante da liberdade, *realiza-se sempre através de escolhas conscientes e livres.* Precisamente por isso, *ela fica revogada quando o homem compromete a sua liberdade em escolhas conscientes de sentido contrário, relativas a matéria moral grave.*

Separar a opção fundamental dos comportamentos concretos, significa contradizer a integridade substancial ou a unidade pessoal do agente moral no seu corpo e alma. Uma opção fundamental, que não considere explicitamente as potencialidades que põe em ato e as determinações que a exprimem, não se ajusta à finalidade racional imanente ao agir do homem e a cada uma das suas escolhas deliberadas. Na verdade, a moralidade dos atos humanos não se deduz somente da intenção, da orientação ou opção fundamental, interpretada no sentido de uma intenção vazia de conteúdos vinculantes bem determinados ou de uma intenção à qual não corresponda um esforço real nas distintas obrigações da vida moral. A moralidade não pode ser julgada, se se prescinde da conformidade ou oposição da escolha deliberada de um comportamento concreto relativamente à dignidade e à vocação integral da pessoa humana. Cada escolha implica sempre uma referência da vontade deliberada aos bens e aos males, indicados pela lei natural como bens a praticar e males a evitar. No caso dos preceitos morais positivos, a prudência tem sempre a função de verificar a sua oportunidade numa determinada situação, por exemplo tendo em conta outros deveres quem sabe mais importantes ou urgentes. Mas os preceitos morais negativos, ou sejam, os que proíbem alguns atos ou comportamentos concretos como intrinsecamente maus, não admitem qualquer legítima exceção; eles não deixam nenhum espaço moralmente aceitável para a «criatividade» de qualquer determinação contrária. Uma vez reconhecida, em concreto, a espécie moral de uma ação proibida por uma regra universal o único ato moralmente bom é o de obedecer à lei moral e abster-se da ação que ela proíbe.

68. Deve-se acrescentar aqui uma importante consideração pastoral. Pela lógica das posições acima descritas, o homem poderia, em virtude de uma opção fundamental, permanecer fiel a Deus, independentemente da conformidade ou não de algumas das suas escolhas e dos seus atos determinados com as normas ou regras morais específicas. Devido a uma opção originária pela caridade, o homem poderia manter-se moralmente bom, perseverar na graça de Deus, alcançar a própria salvação, mesmo se alguns dos seus comportamentos concretos fossem deliberada e gravemente contrários aos mandamentos de Deus, reafirmados pela Igreja.

Na verdade, o homem não se perde só pela infidelidade àquela opção fundamental, pela qual ele se entregou «total e deliberadamente a Deus».[113] Em cada pecado mortal cometido deliberadamente, ele ofende a Deus que deu a lei e torna-se, portanto, culpável perante toda a lei (cf. *Tg* 2,8-11); mesmo conservando-se na fé, ele perde a «graça santificante», a «caridade» e a «bem-aventurança eterna».[114] «A graça da justificação — ensina o Concílio de Trento —, uma vez recebida, pode ser perdida não só pela infidelidade que faz perder a mesma fé, mas também por qualquer outro pecado mortal».[115]

Pecado mortal e venial

69. As considerações em torno da opção fundamental induziram, como acabamos de ver, alguns teólogos a submeterem também a profunda revisão a distinção tradicional entre pecados *mortais* e pecados *veniais*. Eles sublinham que a oposição à lei de Deus, que causa a perda da graça santificante — e, no caso de morte neste estado de pecado, a eterna condenação — pode ser somente o fruto de um ato que empenhe a pessoa na sua totalidade, isto é, um ato de opção fundamental. Segundo esses teólogos, o pecado mortal, que separa o homem de Deus, verificar-se-ia somente na

---

113. CONC. ECUM. VAT. II, Const. dogm. sobre a Divina Revelação *Dei Verbum*, 5; cf. S. CONGREGAÇÃO PARA A DOUTRINA DA FÉ, Decl. sobre algumas questões de ética sexual *Persona Humana* (29 de Dezembro de 1975), 10: *AAS* 68 (1976), 88-90.

114. Cf. Exort. ap. pós-sinodal *Reconciliatio et paenitentia* (2 de Dezembro de 1984), 17: *AAS* 77 (1985), 218-223.

115. Sess. VI, Decr. sobre a justificação *Cum hoc tempore*, cap. 15: *DS*, 1544; can. 19: *DS*, 1569.

rejeição de Deus, feita a um nível da liberdade que não é identificável com um ato de escolha, nem alcançável com consciência reflexa. Neste sentido — acrescentam —, é difícil, pelos menos psicologicamente, aceitar o fato de que um cristão, que quer permanecer unido a Jesus Cristo e à sua Igreja, possa cometer pecados mortais tão fácil e repetidamente, como indicaria, às vezes, a mesma «matéria» dos seus atos. Seria igualmente difícil aceitar que o homem seja capaz, num breve espaço de tempo, de romper radicalmente o ligame de comunhão com Deus e, sucessivamente, converter-se a ele por uma sincera penitência. É necessário, portanto, — dizem — medir a gravidade do pecado mais pelo grau de empenho da liberdade da pessoa que realiza um ato do que pela matéria de tal ato.

70.   A Exortação apostólica pós-sinodal *Reconciliatio et paenitentia* reiterou a importância e a permanente atualidade da distinção entre pecados mortais e veniais, conforme a tradição da Igreja. E o Sínodo dos Bispos de 1983, donde procedia tal Exortação, «não só reafirmou tudo o que foi proclamado no Concílio de Trento sobre a existência e a natureza dos pecados mortais e veniais, mas quis ainda lembrar que é *pecado mortal* aquele que tem por objeto uma matéria grave e que, conjuntamente, é cometido com plena advertência e consentimento deliberado».[116]

116. Exort. ap. pós-sinodal *Reconciliatio et paenitentia* (2 de Dezembro de 1984), 17: *MS* 77 (1985), *221*.

A afirmação do Concílio de Trento não considera só a «matéria grave» do pecado mortal, mas lembra também, como sua condição necessária, «a plena advertência e o consentimento deliberado». De resto, quer na teologia moral quer na prática pastoral, são bem conhecidos os casos onde um ato grave, por causa da sua matéria, não constitui pecado mortal devido à falta de plena advertência ou do consentimento deliberado de quem o realiza. Por outro lado, «há-de evitar-se reduzir o pecado mortal a um ato de *opção fundamental*" como hoje em dia se costuma dizer contra Deus», entendendo com isso quer um desprezo explícito e formal de Deus e do próximo, quer uma recusa implícita e não reflexa do amor. «Dá-se, efetivamente, o pecado mortal também quando o homem, sabendo e querendo, por qualquer motivo escolhe alguma coisa gravemente desordenada. Com efeito, numa escolha assim já está incluído um desprezo do preceito divino, uma rejeição do amor de Deus para com a humanidade e para com toda a criação: o homem afasta-se a si próprio de Deus e perde a caridade. *A orientação fundamental pode, pois, ser radicalmente modificada por atos particulares.* Podem, sem dúvida, verificar-se situações muito complexas e obscuras sob o ponto de vista psicológico, que influem na imputabilidade subjetiva do pecador. Mas, da consideração da esfera psicológica, não se pode passar para a constituição de uma categoria teológica, como é precisamente a da "opção fundamental", entendendo-a de tal modo que, no plano objetivo, mudasse ou pusesse em dúvida a concepção tradicional de pecado mortal».[117]

Deste modo, a separação entre opção fundamental e escolhas deliberadas de determinados comportamentos — desordenados em si próprios ou nas circunstâncias — que não a poriam em causa, supõe o desconhecimento da doutrina católica sobre o pecado mortal: «Com toda a tradição da Igreja, chamamos *pecado mortal* a este ato, pelo qual o homem, com liberdade e advertência rejeita Deus, a sua lei, a aliança de amor que Deus lhe propõe, preferindo voltar-se para si mesmo, para qualquer realidade criada e finita, para algo contrário ao querer divino *(conversio ad creaturam)*. Isto pode acontecer de modo direto e formal, como nos pecados de idolatria, apostasia e ateísmo; ou de modo equivalente, como em qualquer desobediência aos mandamentos de Deus em matéria grave».[118]

IV. O ATO MORAL

Teleologia e teleologismo

71.　A relação entre a liberdade do homem e a lei de Deus, que encontra a sua sede íntima e viva na consciência moral, manifesta-se e realiza-se nos *atos humanos*. É precisamente através dos seus

117. *Ibid.: l.c.*, 223.
118. *Ibid.: l.c.*, 222.

atos que o homem se aperfeiçoa como homem, como homem chamado a procurar espontaneamente o seu Criador e a chegar livremente, pela adesão a ele, à perfeição total e beatífica.[119]

Os atos humanos são *atos morais,* porque exprimem e decidem a bondade ou malícia do homem que realiza aqueles atos.[120] Eles não produzem apenas uma mudança do estado das coisas externas ao homem, mas, enquanto escolhas deliberadas, qualificam moralmente a pessoa que os faz e determinam a sua *profunda fisionomia espiritual,* como sublinha sugestivamente S. Gregório de Nissa: «Todos os seres sujeitos a transformação nunca ficam idênticos a si próprios, mas passam continuamente de um estado a outro por uma mudança que sempre se dá, para o bem ou para o mal (...) Ora, estar sujeito a mudança é nascer continuamente (...) Mas aqui o nascimento não acontece por uma intervenção alheia, como se dá nos seres corpóreos (...) Aquele é o resultado de uma livre escolha e *nós somos* assim, de certo modo, *os nossos próprios pais,* ao criarmo-nos como queremos, e, pela nossa escolha, dotarmo-nos da forma que queremos».[121]

72.   A *moralidade dos atos* é definida pela relação da liberdade do homem com o bem autêntico.

---

119. Cf. CONC. ECUM. VAT. II, Const. past. sobre a Igreja no mundo contemporâneo *Gaudium et Spes,* 17.

120. Cf. S. TOMÁS DE AQUINO, *Summa Theologiae,* I-II, q. 1, a. 3: «*Idem sunt actus morales et actus humani*».

121. *De vita Moysis,* II, 2-3: *PG* 44, 327-328.

Um tal bem é estabelecido como lei eterna pela Sabedoria de Deus, que ordena cada ser para o seu fim: esta lei eterna é conhecida tanto pela razão natural do homem (e assim é «lei natural»), como — de modo integral e perfeito — através da revelação sobrenatural de Deus (sendo assim chamada «lei divina»). O agir é moralmente bom quando as escolhas da liberdade são *conformes ao verdadeiro bem do homem* e exprimem, desta forma, a ordenação voluntária da pessoa para o seu fim último, isto é, o próprio Deus: o bem supremo, no qual o homem encontra a sua felicidade plena e perfeita. A pergunta inicial da conversa do jovem com Jesus: «Que devo fazer de bom para alcançar a vida eterna?» (*Mt* 19,16), põe imediatamente em evidência o *nexo essencial entre o valor moral de um ato e o fim último do homem*. Na sua resposta, Jesus confirma a convicção do seu interlocutor: a realização de atos bons, mandados por aquele que «só é bom», constitui a condição indispensável e o caminho para a bem-aventurança eterna: «Se queres entrar na vida eterna, cumpre os mandamentos» (*Mt* 19,17). A resposta de Jesus com o apelo aos mandamentos manifesta também que o caminho para o fim último está assinalado pelo respeito das leis divinas que tutelam o bem humano. *Só o ato conforme ao bem pode ser caminho que conduz à vida.*

A ordenação racional do ato humano para o bem na sua verdade e a procura voluntária deste bem, conhecido pela razão, constituem a moralidade. Portanto, o agir humano não pode ser considerado como moralmente bom só porque destinado a alcançar este ou aquele objetivo que persegue, ou simplesmente porque a intenção do sujeito é boa.[122] O agir é moralmente bom, quando atesta e exprime a ordenação voluntária da pessoa para o fim último e a conformidade da ação concreta com o bem humano, tal como é reconhecido na sua verdade pela razão. Se o objeto da ação concreta não está em sintonia com o verdadeiro bem da pessoa, a escolha de tal ação torna a nossa vontade e nós próprios moralmente maus e, portanto, põe-nos em contraste com o nosso fim último, o bem supremo, isto é, o próprio Deus.

73.   O cristão, pela Revelação de Deus e pela fé, conhece a «novidade» que caracteriza a moralidade dos seus atos; estes são chamados a exprimir a coerência ou a sua falta relativamente àquela dignidade e vocação, que lhe foram dadas pela graça: em Jesus Cristo e no seu Espírito, o cristão é «criatura nova», filho de Deus, e, mediante os seus atos, manifesta a sua conformidade ou discordância com a imagem do Filho que é o primogênito entre muitos irmãos (cf. *Rm* 8,29), vive a sua fidelidade ou infidelidade ao dom do Espírito e abre-se ou fecha-se à vida eterna, à comunhão de visão, de amor e de bem-aventurança com Deus Pai, Filho e Espírito Santo.[123] Cristo «forma-nos à sua ima-

---

122. Cf. S. TOMÁS DE AQUINO, *Summa Theologiae*, II-II, q. 148, a. 3.

123. O Concílio Vaticano II, na Constituição pastoral sobre a Igreja no mundo contemporâneo, especifica: «E o que fica dito, vale não só dos cristãos,

gem — escreve S. Cirilo de Alexandria —, de modo a fazer brilhar em nós os traços da sua natureza divina mediante a santificação, a justiça, e a retidão de uma vida conforme à virtude (...) Assim a beleza desta imagem incomparável resplandece em nós, que estamos em Cristo, e nos revelamos pessoas de bem pelas nossas obras».[124]

Neste sentido, a vida moral possui um essencial *caráter «teleológico»*, visto que consiste na ordenação deliberada dos atos humanos para Deus, sumo bem e fim *(telos)* último do homem. Comprova-o, mais uma vez, a pergunta do jovem a Jesus: «Que devo fazer de bom para alcançar a vida eterna?». Mas esta ordenação ao fim último não é uma dimensão subjetivista, que depende só da intenção. Ela pressupõe que aqueles atos sejam em si próprios ordenáveis a um tal fim, enquanto conformes ao autêntico bem moral do homem, tutelado pelos mandamentos. É o que lembra Jesus na resposta ao jovem: «Se queres entrar na vida eterna, cumpre os mandamentos» (*Mt* 19,17).

Evidentemente deve ser uma ordenação racional e livre, consciente e deliberada, baseado na qual o homem é «responsável» dos seus atos e está

mas de todos os homens de boa vontade, em cujos corações a graça opera ocultamente. Com efeito, já que por todos morreu Cristo e a vocação última de todos os homens é realmente uma só, a saber, a divina, devemos manter que o Espírito Santo a todos dá a possibilidade de se associarem a este mistério pascal por um modo só de Deus conhecido»: *Gaudium et Spes*, 22.

124. *Tractatus ad Tiberium Diaconum sociosque, II. Responsiones ad Tiberium Diaconum sociosque*: S. CIRILO DE ALEXANDRIA, *In D. Johannis Evangelium*, vol. III, ed. PHILIP EDWARD PUSEY, Bruxelas, Culture et Civilisation (1965), 590.

sujeito ao juízo de Deus, juiz justo e bom, que premia o bem e castiga o mal, como nos lembra o apóstolo Paulo: «Todos, com efeito, havemos de comparecer perante o tribunal de Cristo, para que cada um receba o que mereceu, conforme o bem ou o mal que tiver feito, enquanto estava no corpo» (2Cor 5,10).

74. Mas de que depende a qualificação moral do livre agir do homem? *Esta ordenação a Deus dos atos humanos,* por que é assegurada? Pela *intenção* do sujeito que age, pelas *circunstâncias* — e, em particular, pelas conseqüências — do seu agir, pelo próprio *objeto* do seu ato?

Este é o problema tradicionalmente chamado das «fontes da moralidade». Precisamente a respeito de tal problema, nestes decênios manifestaram-se — ou reconstituíram-se — novas tendências culturais e teológicas que exigem um cuidadoso discernimento por parte do Magistério da Igreja.

Algumas *teorias éticas,* denominadas *«teleológicas»,* mostram-se atentas à conformidade dos atos humanos com os fins procurados pelo agente e com os valores que ele tem em vista. Os critérios para avaliar a retidão moral de uma ação são deduzidos da *ponderação dos bens não-morais ou pré-morais* a conseguir e dos correspondentes valores não-morais ou pré-morais a respeitar. Para alguns, o comportamento concreto seria justo ou errado, segundo pudesse ou não produzir um melhor estado de coisas para todas as pessoas interessadas: seria justo o comportamento em grau de «maximizar» os bens e «minimizar» os males.

Muitos dos moralistas católicos, que seguem esta orientação, procuram distanciar-se do utilitarismo e do pragmatismo, que avaliam a moralidade dos atos humanos sem fazer referência ao verdadeiro fim último do homem. Aqueles sentem justamente a necessidade de encontrar argumentações racionais, sempre mais consistentes, para justificar as exigências e fundamentar as normas da vida moral. Tal pesquisa é legítima e necessária, visto que a ordem moral, estabelecida pela lei natural, é, em princípio, acessível à razão humana. Além disso, é uma pesquisa que corresponde às exigências do diálogo e colaboração com os não-católicos e os não-crentes, especialmente nas sociedades pluralistas.

75. Mas, no âmbito do esforço de elaborar essa moral racional — por isso mesmo, às vezes, chamada «moral autônoma» —, existem *falsas soluções, ligadas em particular a uma inadequada compreensão do objeto do agir moral. Alguns* não têm em suficiente consideração o fato de que a vontade fica comprometida com as escolhas concretas que realiza: estas são condição da sua bondade moral e da sua ordenação para o fim último da pessoa. *Outros,* ainda, inspiram-se num conceito da liberdade que prescinde das condições efetivas do seu exercício, da sua referência objetiva à verdade sobre o bem, da sua determinação através

de escolhas de comportamentos concretos. Assim, segundo estas teorias, a vontade livre não estaria moralmente sujeita a obrigações determinadas, nem modelada pelas suas opções, embora permanecesse responsável pelos próprios atos e pelas suas conseqüências. Este *«teleologismo»*, como método para a descoberta da norma moral, pode então ser chamado — segundo as terminologias e perspectivas adotadas pelas distintas correntes de pensamento — *«conseqüencialismo» ou «proporcionalismo»*. O primeiro pretende deduzir os critérios da retidão de um determinado agir somente a partir do cálculo das conseqüências que se prevêem derivar da execução de uma opção. O segundo, ponderando entre si valores e bens procurados, centra-se mais na proporção reconhecida entre os efeitos bons e maus, em vista do «maior bem» ou do «menor mal» efetivamente possível numa situação particular.

As teorias éticas teleológicas (proporcionalismo, conseqüencialismo), apesar de reconhecerem que os valores morais são indicados pela razão e pela Revelação, consideram que nunca se poderá formular uma proibição absoluta de comportamentos determinados que estariam em contradição com aqueles valores, em toda e qualquer circunstância e cultura. O sujeito que age seria certamente responsável pela obtenção dos valores pretendidos, mas segundo um duplo aspecto: de fato, os valores ou bens implicados num ato humano seriam, por um lado, *de ordem moral* (relativamente a valores propriamente morais, como o amor de Deus, a benevolência para com o próximo, a justiça etc.) e, por outro, de *ordem pré-moral*, também chamada não-moral, física ou ôntica (relativamente às vantagens e desvantagens ocasionadas seja a quem age, seja a qualquer pessoa neles implicada antes ou depois, como por exemplo, a saúde ou a sua lesão, a integridade física, a vida, a morte, a perda de bens materiais etc.). Num mundo onde o bem sempre estaria misturado com o mal e cada efeito bom ligado a outros efeitos maus, a moralidade do ato seria julgada de maneira diferenciada: a sua «bondade» moral, com base na intenção do sujeito referida aos bens morais, e a sua «retidão», com base na consideração dos efeitos ou conseqüências previsíveis e da sua proporção. Conseqüentemente, os comportamentos concretos seriam qualificados como «retos» ou «errados», sem que, por isso, fosse possível avaliar como moralmente «boa» ou «má» a vontade da pessoa que os escolhe. Deste modo, um ato, que, pondo-se em contradição com uma norma universal negativa, viola diretamente bens considerados como «pré-morais», poderia ser qualificado como moralmente aceitável se a intenção do sujeito se concentrasse, graças a uma ponderação «responsável» dos bens implicados na ação concreta, sobre o valor moral considerado decisivo naquela circunstância.

A avaliação das conseqüências da ação, com base na proporção do ato com os seus efeitos e dos efeitos entre si, referir-se-ia apenas à ordem pré-moral. Quanto à especificidade moral dos atos, ou seja, quanto à sua bondade ou malícia, decidiria exclusivamente a fidelidade da pessoa aos valores mais altos da caridade e da prudência, sem que esta fidelidade fosse necessariamente incompatível com opções contrárias a certos preceitos morais particulares. Mesmo em matéria grave, estes últimos deveriam ser considerados como normas operativas, sempre relativas e suscetíveis de exceções.

Nesta perspectiva, o consentimento deliberado a certos comportamentos, declarados ilícitos pela moral tradicional, não implicaria uma malícia moral objetiva.

O objeto do ato deliberado

76. Estas teorias podem adquirir uma certa força persuasiva pela sua afinidade com a mentalidade científica, justamente preocupada em ordenar as atividades técnicas e econômicas, baseada no cálculo dos recursos e lucros, dos processos e efeitos. Aquelas querem libertar das pressões de uma moral da obrigação, voluntarista e arbitrária, que se revelaria desumana.

Porém, tais teorias não são fiéis à doutrina da Igreja, já que crêem poder justificar como moralmente boas, escolhas deliberadas de comportamentos contrários aos mandamentos da lei divina e natural. Estas teorias não podem apelar à tradição moral católica: se é verdade que nesta última se desenvolveu uma casuística atenta a ponderar em algumas situações concretas as possibilidades maiores de bem, também é certo que isso se confinava apenas aos casos onde a lei era incerta, e portanto, não punha em discussão a validade absoluta dos preceitos morais negativos que obrigam sem exceções. Os fiéis hão de reconhecer e respeitar os preceitos morais específicos, declarados e ensinados pela Igreja em nome de Deus, Criador e Senhor.[125] Quando o apóstolo Paulo recapitula o cumprimento da lei no preceito de amar o próximo como a si mesmo (cf. *Rm* 13,8-10), não atenua os mandamentos, mas antes, os confirma, dado que revela as suas exigências e gravidade. O *amor de Deus e o amor do próximo são inseparáveis da observância dos mandamentos da Aliança,* renovada no sangue de Jesus Cristo e no dom do Espírito. Os cristãos têm por própria honra obedecer a Deus antes que aos homens (cf. *At* 4,19; 5,29) e, por isso, aceitar inclusive o martírio, como fizeram os santos e santas do Antigo e do Novo Testamento, assim reconhecidos por terem dado a sua vida antes que fazer este ou aquele gesto particular contrário à fé ou à virtude.

77. Para oferecer os critérios racionais de uma justa decisão moral, as mencionadas teorias têm em conta a *intenção* e as *conseqüências* da ação humana. Certamente, num ato particular, há que

---

125. Cf. CONC. ECUM. DE TRENTO, Sess. VI, Decr. sobre a justificação *Cum hoc tempore,* cân. 19: *DS,* 1569. Veja-se também: CLEMENTE XI, Const. *Unigenitus Dei Filius* (8 de Setembro de 1713) contra os erros de Pascácio Quesnel, nn. 53-56: *DS,* 2453-2456.

tomar em grande consideração tanto a intenção — como insiste, com particular vigor, Jesus, em clara contraposição aos escribas e fariseus que prescreviam minuciosamente certas obras exteriores, sem atenderem ao coração (cf. *Mc* 7,20-21; *Mt* 15,19) — como os bens obtidos e os males evitados, em decorrência de um ato particular. Trata-se de uma exigência de responsabilidade. Mas a consideração destas conseqüências — como também das intenções — não é suficiente para avaliar a qualidade moral de uma opção concreta. A ponderação dos bens e dos males, previsíveis como conseqüência de uma ação, não é um método adequado para determinar se a escolha daquele comportamento concreto é «segundo a sua espécie», ou «em si mesma», moralmente boa ou má, lícita ou ilícita. As conseqüências previsíveis pertencem àquelas circunstâncias do ato, que, embora podendo modificar a gravidade de um ato mau, não podem, porém, mudar a sua espécie moral.

Aliás, cada um conhece as dificuldades — ou melhor, a impossibilidade — de avaliar todas as conseqüências e todos os efeitos bons ou maus — definidos pré-morais — dos próprios atos: não é possível um cálculo racional exaustivo. Então, como fazer para estabelecer proporções que dependem de uma avaliação, cujos critérios permanecem obscuros? De que modo se poderá justificar uma obrigação absoluta sobre cálculos tão discutíveis?

78. *A moralidade do ato humano depende primária e fundamentalmente do objeto razoavelmente*

escolhido pela vontade deliberada, como prova também a profunda análise, ainda hoje válida, de S. Tomás.[126] 126 Para poder identificar o objeto de um ato que o especifica moralmente, ocorre, pois, colocar-se na *perspectiva da pessoa que age.* De fato, o objeto do ato da vontade é um comportamento livremente escolhido. Enquanto conforme à ordem da razão, ele é causa da bondade da vontade, aperfeiçoa-nos moralmente e dispõe-nos a reconhecer o nosso fim último no bem perfeito, o amor original. Portanto, não se pode considerar como objeto de um determinado ato moral, um processo ou um acontecimento de ordem meramente física, a avaliar enquanto provoca um determinado estado de coisas no mundo exterior. Aquele é o fim próximo de uma escolha deliberada, que determina o ato do querer da pessoa que age. Neste sentido, como ensina *o Catecismo da Igreja Católica,* «há comportamentos concretos pelos quais é sempre errado optar, porque tal opção inclui uma desordem da vontade, isto é, um mal moral».[127] «De fato, é freqüente — escreve o Aquinates — que alguém aja com reta intenção mas inutilmente, porque lhe falta a boa vontade: como no caso de alguém que roubasse para alimentar um pobre, a intenção é certamente boa, mas falta a devida retidão da vontade. Conseqüentemente nenhum mal, mesmo realizado com reta

126. Cf. *Summa theologiae,* I-II, q. 18, a. 6.
127. *Catecismo da Igreja Católica,* n. 1761.

intenção, pode ser desculpado: "Como aqueles que dizem: Façamos o mal, para vir o bem. Desses, é justa a condenação" (*Rm* 3,8)».[128]

A razão pela qual não basta a reta intenção, mas ocorre também a reta escolha das obras, está no fato de que o ato humano depende do seu objeto, quer dizer, se este é ou não *ordenável* a Deus, aquele que «só é bom», realizando assim a perfeição da pessoa. Portanto, o ato é bom, se o seu objeto é conforme ao bem da pessoa, no respeito dos bens moralmente significativos para ela. Assim, a ética cristã, que privilegia a atenção ao objeto moral, não recusa considerar a «teleologia» interior do agir, enquanto visa promover o verdadeiro bem da pessoa, mas reconhece que este só é realmente procurado quando se respeitam os elementos essenciais da natureza humana. O ato humano, bom segundo o seu objeto, é também *ordenável* ao fim último. O mesmo ato alcança, depois, a sua perfeição última e decisiva, quando a vontade o *ordena efetivamente* para Deus mediante a caridade. Neste sentido, ensina o Patrono dos moralistas e dos confessores: «Não basta fazer boas obras, é preciso fazê-las bem. Para que as nossas obras sejam boas e perfeitas, é necessário fazê-las com o mero fim de agradar a Deus».[129]

---

128. *In duo praecepta caritatis et in decem legis praecepta. De dilectione Dei Opuscula theologica*, II, n. 1168, Ed. Taurinens. (1954), 250.

129. S. AFONSO MARIA DE LIGÓRIO, *A prática do amor a Jesus Cristo*, VII, 3.

O «mal intrínseco»: não é lícito
praticar o mal para se conseguir o bem (cf. *Rm* 3,8)

79. *Deve-se, portanto, rejeitar a tese,* própria das teorias teleológicas e proporcionalistas, *de que seria impossível qualificar como moralmente má segundo a sua espécie — o seu «objeto» —, a escolha deliberada de alguns comportamentos ou atos determinados, prescindindo da intenção com que a escolha é feita ou da totalidade das conseqüências previsíveis daquele ato para todas as pessoas interessadas.*

O elemento primário e decisivo para o juízo moral é o objeto do ato humano, o qual decide sobre a sua *ordenabilidade ao bem e ao fim último que é Deus.* Esta ordenabilidade é identificada pela razão no mesmo ser do homem, considerado na sua verdade integral e portanto, nas suas inclinações naturais, nos seus dinamismos e nas suas finalidades que têm sempre também uma dimensão espiritual: são exatamente estes os conteúdos da lei natural, e conseqüentemente o conjunto ordenado dos «bens para a pessoa» que se põem a serviço do «bem da pessoa», daquele bem que é ela mesma e a sua perfeição. São estes os bens tutelados pelos mandamentos, os quais, segundo S. Tomás, contêm toda a lei natural.[130]

80. Ora, a razão atesta que há objetos do ato humano que se configuram como «não-ordenáveis»

---

130. Cf. *Summa Theologiae*, I-II, q. 100, a. 1.

a Deus, porque contradizem radicalmente o bem da pessoa, feita à sua imagem. São os atos que, na tradição moral da Igreja, foram denominados «intrinsecamente maus» *(intrinsece malum)*: são-no sempre e por si mesmos, ou seja, pelo próprio objeto, independentemente das posteriores intenções de quem age e das circunstâncias. Por isso, sem querer minimamente negar o influxo que têm as circunstâncias e sobretudo as intenções sobre a moralidade, a Igreja ensina que «existem atos que, por si e em si mesmos, independentemente das circunstâncias, são sempre gravemente ilícitos, por motivo do seu objeto».[131] O mesmo Concílio Vaticano II, no quadro do devido respeito pela pessoa humana, oferece uma ampla exemplificação de tais atos: «Tudo quanto se opõe à vida, como seja toda espécie de homicídio, genocídio, aborto, eutanásia e suicídio voluntário; tudo o que viola a integridade da pessoa humana, como as mutilações, os tormentos corporais e mentais e as tentativas para violentar as próprias consciências; tudo quanto ofende a dignidade da pessoa humana, como as condições de vida infra-humanas, as prisões arbitrárias, as deportações, a escravidão, a prostituição, o comércio de mulheres e jovens; e também

---

131. Exort. ap. pós-sinodal *Reconciliatio et paenitentia* (2 de Dezembro de 1984), 17: *AAS* 77 (1985), 221; cf. PAULO VI, *Alocução* aos membros da Congregação do Santíssimo Redentor (Setembro de 1967): *AAS* 59 (1967), 962: «Deve-se evitar que os fiéis sejam induzidos a pensar diferentemente, como se agora, após o Concílio, fossem permitidos alguns comportamentos que, antes, a Igreja tinha declarado intrinsecamente maus. Quem não vê que resultaria daí um deplorável *relativismo moral*, que facilmente poderia colocar em discussão todo o patrimônio da doutrina da Igreja?».

as condições degradantes de trabalho, em que os operários são tratados como meros instrumentos de lucro e não como pessoas livres e responsáveis. Todas estas coisas e outras semelhantes são infamantes; ao mesmo tempo que corrompem a civilização humana, desonram mais aqueles que assim procedem, do que os que padecem injustamente; e ofendem gravemente a honra devida ao Criador».[132]

Sobre os atos intrinsecamente maus, e referindo-se às práticas contraceptivas pelas quais o ato conjugal se torna intencionalmente infecundo, Paulo VI ensina: «Na verdade, se, por vezes, é lícito tolerar um mal menor com o fim de evitar um mal mais grave ou de promover um bem maior, não é lícito, nem mesmo por gravíssimas razões, praticar o mal para se conseguir o bem (cf. *Rm 3,8)*, ou seja, fazer objeto de um ato positivo de vontade o que é intrinsecamente desordenado e, portanto, indigno da pessoa humana, mesmo com o intuito de salvaguardar ou promover bens individuais, familiares ou sociais».[133]

81. Ao ensinar a existência de atos intrinsecamente maus, a Igreja cinge-se à doutrina da Sagrada Escritura. O apóstolo Paulo afirma categoricamente: «Não vos enganeis: nem imorais, nem idólatras, nem adúlteros, nem efeminados, nem

---

132. Const. past. sobre a Igreja no mundo contemporâneo *Gudium et Spes*, 27.

133. Cart. enc. *Humanae Vitae* (25 de Julho de 1968), 14: *AAS* 60 (1968), 490-491.

sodomitas, nem ladrões, nem avarentos, nem maldizentes, nem os que se dão à embriaguez, nem salteadores possuirão o Reino de Deus» *(1Cor 6,9-10).*

Se os atos são intrinsecamente maus, uma intenção boa ou circunstâncias particulares podem atenuar a sua malícia, mas não suprimi-la: são atos «irremediavelmente» maus, que por si e em si mesmos não são ordenáveis a Deus e ao bem da pessoa: «Quanto aos atos que, por si mesmos, são pecados *(cum iam opera ipsa peccata sunt)* — escreve S. Agostinho — como o furto, a fornicação, a blasfêmia ou outros atos semelhantes, quem ousaria afirmar que, realizando-os por boas razões *(causis bonis),* já não seriam pecados ou, conclusão ainda mais absurda, que seriam pecados justificados?».[134]

Por isso, as circunstâncias ou as intenções nunca poderão transformar um ato intrinsecamente desonesto pelo seu objeto, num ato «subjetivamente» honesto ou defensível como opção.

82. De resto, a intenção é boa quando visa o verdadeiro bem da pessoa na perspectiva do seu fim último. Mas os atos, cujo objeto é «não-ordenável» a Deus e «indigno da pessoa humana», opõem-se sempre e em qualquer caso a este bem. Neste sentido, o respeito das normas que proíbem tais atos e que obrigam *semper et pro semper, ou*

---

134. *Contra mendacium,* VII, 18: *PL* 40, 528; Cf. S. TOMÁS DE AQUINO, *Quaestiones quodlibetales,* IX, q. 7, a. 2; *Catecismo da Igreja Católica,* nn. 1753-1755.

seja, sem nenhuma exceção, não só não limita a boa intenção, mas constitui mesmo a sua expressão fundamental.

A doutrina do objeto como fonte da moralidade constitui uma explicitação autêntica da moral bíblica da Aliança e dos mandamentos, da caridade e das virtudes. A qualidade moral do agir humano depende desta fidelidade aos mandamentos, expressão de obediência e amor. É por isso — repetimo-lo — que se deve rejeitar como errônea a opinião que considera impossível qualificar moralmente como má segundo a sua espécie, a opção deliberada de alguns comportamentos ou de certos atos, prescindindo da intenção com que a escolha é feita ou da totalidade das conseqüências previsíveis daquele ato para todas as pessoas interessadas. Sem esta *determinação racional da moralidade do agir humano,* seria impossível afirmar uma «ordem moral objetiva»[135] e estabelecer qualquer norma determinada, do ponto de vista do conteúdo, que obrigasse sem exceção; e isto reverteria em dano da fraternidade humana e da verdade sobre o bem, e em prejuízo também da comunhão eclesial.

83. Como se vê, na questão da moralidade dos atos humanos, e particularmente na da existência dos atos intrinsecamente maus, concentra-se, de certo modo, *a própria questão do homem,* da sua

---

135. CONC. ECUM. VAT. II, Decl. sobre a liberdade religiosa *Dignitatis Humanae,* 7.

verdade e das conseqüências morais que daí derivam. Ao reconhecer e ensinar a existência do mal intrínseco em determinados atos humanos, a Igreja permanece fiel à verdade integral do homem, e, portanto, respeita-o e promove-o na sua dignidade e vocação. Conseqüentemente, ela deve recusar as teorias expostas acima, que estão em contraste com esta verdade.

Porém, é preciso que nós, Irmãos no Episcopado, não nos detenhamos só a admoestar os fiéis sobre os erros e os perigos de algumas teorias éticas. Devemos, antes de mais, mostrar o esplendor fascinante daquela verdade, que é Jesus Cristo. Nele, que é a Verdade (cf. *Jo* 14,6), o homem pode compreender plenamente e viver perfeitamente, mediante os atos bons, a sua vocação à liberdade na obediência à lei divina, que se resume no mandamento do amor de Deus e do próximo. É o que acontece com o dom do Espírito Santo, Espírito de verdade, de liberdade e de amor: nele, é-nos concedido interiorizar a lei, percebê-la e vivê-la como o dinamismo da verdadeira liberdade pessoal: «a lei perfeita é a lei da liberdade» (*Tg* 1,25).

CAPÍTULO III

«PARA NÃO SE DESVIRTUAR A CRUZ DE CRISTO»
(1Cor 1,17)

O BEM MORAL PARA A VIDA DA IGREJA E DO MUNDO

«Cristo nos libertou,
para que permaneçamos livres» (Gl 5,1)

84.   A *questão fundamental,* que as teorias morais acima referidas solevam mais fortemente, é a da relação entre a liberdade do homem e a lei de Deus: é, em última análise, a questão da relação *entre a liberdade e a verdade.*

Segundo a fé cristã e a doutrina da Igreja, «somente a liberdade que se submete à Verdade, conduz a pessoa humana ao seu verdadeiro bem. O bem da pessoa é estar na Verdade e *praticar* a Verdade».[136]

O confronto entre a posição da Igreja e a situação sócio-cultural de hoje põe imediatamente a descoberto a urgência de se desenvolver precisamente *sobre esta questão fundamental um intenso labor pastoral por parte da própria Igreja:* «Este

---

136. *Discurso* aos participantes do Congresso internacional de teologia moral (10 de Abril de 1986), 1: *Insegnamenti* IX, 1 (1986), 970.

laço essencial entre Verdade-Bem-Liberdade foi perdido em grande parte pela cultura contemporânea, e, portanto, levar o homem a redescobri-lo é hoje uma das exigências próprias da missão da Igreja, para a salvação do mundo. A pergunta de Pilatos: «O que é a verdade?» emerge também da desoladora perplexidade de um homem que freqüentemente já não sabe *quem é, donde* vem e *para onde* vai. E é assim que não raro assistimos à tremenda derrocada da pessoa humana em situações de autodestruição progressiva. Se fôssemos dar ouvidos a certas vozes, parece que não mais se deveria reconhecer o indestrutível caráter absoluto de qualquer valor moral. Está patente aos olhos de todos o desprezo da vida humana já concebida e ainda não nascida; a violação permanente de fundamentais direitos da pessoa; a destruição iníqua dos bens necessários para uma vida verdadeiramente humana. Mas, algo de mais grave aconteceu: o homem já não está convencido de que só na verdade pode encontrar a salvação. A força salvadora do verdadeiro é contestada, confiando à simples liberdade, desvinculada de toda a objetividade, a tarefa de decidir autonomamente o que é bem e o que é mal. Este relativismo gera, no campo teológico, desconfiança na sabedoria de Deus, que guia o homem com a lei moral. Àquilo que a lei moral prescreve contrapõem-se as chamadas situações concretas, no fundo, deixando de considerar a lei de Deus como sendo *sempre* o único verdadeiro bem do homem».[137]

137. Ibid, 2: l.c., 970-971.

85. A obra de discernimento destas teorias éticas por parte da Igreja não se limita a denunciá-las e rejeitá-las, mas visa positivamente amparar com grande solicitude todos os fiéis na formação de uma consciência moral, que julgue e leve a decisões conformes à verdade, como exorta o apóstolo Paulo: «Não vos conformeis com a mentalidade deste mundo, mas transformai-vos pela renovação da vossa mente, a fim de conhecerdes a vontade de Deus: o que é bom, o que lhe é agradável e o que é perfeito» (*Rm* 12,2). Esta obra da Igreja encontra o seu ponto de apoio — o seu «segredo» formativo — não tanto nos enunciados doutrinais e nos apelos pastorais à vigilância, como sobretudo em *manter o olhar fixo no Senhor Jesus*. A Igreja cada dia olha com amor incansável para Cristo, plenamente consciente de que só nele está a resposta verdadeira e definitiva ao problema moral.

De modo particular, *em Jesus crucificado,* ela *encontra a resposta* à questão que hoje atormenta tantos homens: como pode a obediência às normas morais universais e imutáveis respeitar a unicidade e irrepetibilidade da pessoa, e não atentar contra a sua liberdade e dignidade? A Igreja faz sua a consciência que o apóstolo Paulo tinha da missão recebida: «Cristo (...) me enviou (...) a pregar o Evangelho, não porém, com sabedoria de palavras, para não se desvirtuar a Cruz de Cristo (...) Nós pregamos Cristo crucificado, escândalo para os judeus e loucura para os gentios. Mas, para os eleitos, tanto judeus como gregos, Cristo é o poder e a sabedoria de Deus» (*1Cor* 1,17.23-24). *Cristo crucificado revela o sentido autêntico da liberdade, vive-o em plenitude no dom total de si mesmo* e chama os discípulos a tomar parte na sua própria liberdade.

86.   A reflexão racional e a experiência cotidiana demonstram a debilidade que caracteriza a liberdade do homem. É liberdade real, mas finita: não tem o seu ponto de partida absoluto e incondicionado em si própria, mas na existência em que se encontra e que representa para ela, simultaneamente, um limite e uma possibilidade. É a liberdade de uma criatura, ou seja, uma liberdade dada, que deve ser acolhida como um gérmen e fazer-se amadurecer com responsabilidade. É parte constitutiva daquela imagem de criatura que fundamenta a dignidade da pessoa: nela ressoa a vocação original com que o Criador chama o homem ao verdadeiro Bem, e mais ainda, com a revelação de Cristo, chama-o a estabelecer amizade com ele, participando na mesma vida divina. É inalienável propriedade pessoal e, ao mesmo tempo, abertura universal a todo vivente, com a saída de si rumo ao conhecimento e ao amor do outro.[138] Portanto, a liberdade radica-se na verdade do homem e destina-se à comunhão.

A razão e a experiência atestam não só a debilidade da liberdade humana, mas também o seu

---

138. Cf. CONC. ECUM. VAT. II, Const. past. sobre a Igreja no mundo contemporâneo *Gaudium et Spes*, 24.

drama. O homem descobre que a sua liberdade está misteriosamente inclinada a trair esta abertura para o Verdadeiro e para o Bem, e que, com bastante freqüência, de fato, ele prefere escolher bens finitos, limitados e efêmeros. Mais ainda, por detrás dos erros e das opções negativas, o homem detecta a origem de uma revolta radical, que o leva a rejeitar a Verdade e o Bem para arvorar-se em princípio absoluto de si próprio: «Sereis como Deus» (*Gn* 3,5). Portanto, *a liberdade necessita de ser libertada. Cristo é o seu libertador:* Ele «nos libertou, para que permaneçamos livres» (*Gl* 5,1).

87.   Cristo revela, antes de mais, que o reconhecimento honesto e franco da *verdade* é condição para uma autêntica liberdade: «Conhecereis a verdade e a verdade vos libertará» (*Jo* 8,32).[139] É a verdade que torna livres defronte ao poder e dá a força do martírio. Assim Jesus diante de Pilatos: «Para isto nasci e para isto vim ao mundo, a fim de dar testemunho da verdade» (*Jo* 18,37). Assim, os verdadeiros adoradores de Deus devem adorá-lo «em espírito e verdade» (*Jo* 4,23): *nesta adoração tornam-se livres*. A ligação à verdade e a adoração de Deus manifestam-se em Jesus Cristo como a raiz mais íntima da liberdade.

Além disso, Jesus revela, com a sua própria existência e não apenas com as palavras, que a liberdade se realiza no *amor, ou* seja, no *dom de* si. Ele que disse: «Ninguém tem maior amor do

139. Cf. Carta enc. *Redemptor Hominis* (4 de Março de 1979), 12: *AAS* 71 (1979), 280-281.

que aquele que dá a vida pelos seus amigos» (*Jo* 15,13), caminha livremente para a Paixão (cf. *Mt* 26,46) e, na sua obediência ao Pai sobre a Cruz, dá a vida por todos os homens (cf. *Fl* 2,6-11). Deste modo, a contemplação de Jesus crucificado é a via mestra pela qual a Igreja deve caminhar cada dia, se quiser compreender todo o sentido da liberdade: o dom de si no *serviço a Deus e aos irmãos*. Mais, a comunhão com o Senhor crucificado e ressuscitado é a fonte inesgotável, onde a Igreja se sacia incessantemente para viver na liberdade, doar-se e servir. Comentando o versículo do Salmo 99 (100) «Servi ao Senhor com alegria», S. Agostinho diz: «Na casa do Senhor, livre é a escravidão. Livre, visto que o serviço não o impõe a necessidade, mas a caridade (...) A caridade te faça servo, como a verdade te fez livre (...) És, ao mesmo tempo, servo e livre: servo, porque tal te fizeste; livre, porque és amado por Deus, teu criador; mais ainda, livre porque te foi concedido amar o teu criador (...) És servo do Senhor e livre no Senhor. Não procures uma libertação que te leve para longe da casa do teu libertador!».[140]

Deste modo, a Igreja, e nela cada cristão, é chamada a participar no *munus regale* de Cristo na cruz (cf. *Jo* 12,32), na graça e na responsabilidade do Filho do Homem, que «não veio para ser servido, mas para servir e dar a sua vida pelo resgate de muitos» (*Mt* 20,28).[141]

---

140. *Enarratio in Psalmum XCIX*, 7: *CCL* 39, 1397.

141. Cf. CONC. ECUM. VAT. II, Const. dogm. sobre a Igreja *Lumen Gentium*, 36; Cf. Carta enc. *Relemptor Hominis* (4 de Março de 1979), 21: *AAS* 71 (1979), 316-317.

Jesus é, pois, a síntese viva e pessoal da perfeita liberdade na obediência total à vontade de Deus. A sua carne crucificada é a plena Revelação do vínculo indissolúvel entre liberdade e verdade, tal como a sua ressurreição da morte é a suprema exaltação da fecundidade e da força salvífica de uma liberdade vivida na verdade.

Caminhar na luz (cf. 1Jo 1,7)

88. A contraposição, mais, a radical separação entre liberdade e verdade é conseqüência, manifestação e realização de *uma outra dicotomia mais grave e perniciosa, a que separa a fé da moral.*

Esta separação constitui uma das mais sérias preocupações pastorais da Igreja no atual processo de secularismo, onde tantos, demasiados homens pensam e vivem «como se Deus não existisse». Encontramo-nos diante de uma mentalidade que atinge, freqüentemente de modo profundo, vasto e capilar, as atitudes e os comportamentos dos cristãos, cuja fé se debilita e perde a própria originalidade de novo critério interpretativo e operativo para a existência pessoal, familiar e social. Na verdade, os critérios de juízo e de escolha assumidos pelos mesmos crentes apresentam-se freqüentemente, no contexto de uma cultura amplamente descristianizada, como alheios ou mesmo até contrapostos aos do Evangelho.

Urge, então, que os cristãos redescubram a *novidade da sua fé e a sua força de discernimento* face à cultura predominante e insinuativa: «Se outrora éreis trevas — admoesta o apóstolo Paulo —, agora sois luz no Senhor. Comportai-vos como filhos da luz, porque o fruto da luz consiste na bondade, na justiça e na verdade. Procurai o que é agradável ao Senhor, e não participeis das obras infrutuosas das trevas; pelo contrário, condenai-as abertamente (...) Cuidai pois, irmãos, em andar com prudência, não como insensatos, mas com circunspecção, aproveitando o tempo, pois os dias são maus» (*Ef* 5,8-11.15-16; cf. *1Ts* 5,4-8).

Urge recuperar e repropor o verdadeiro rosto da fé cristã, que não é simplesmente um conjunto de proposições a serem acolhidas e ratificadas com a mente. Trata-se, antes, de um conhecimento existencial de Cristo, uma memória viva dos seus mandamentos, uma *verdade a ser vivida*. Aliás, uma palavra só é verdadeiramente acolhida quando se traduz em atos, quando é posta em prática. A fé é uma decisão que compromete toda a existência. É encontro, diálogo, comunhão de amor e de vida do crente com Jesus Cristo, Caminho, Verdade e Vida (cf. *Jo* 14,6). Comporta um ato de intimidade e abandono a Cristo, fazendo-nos viver como ele viveu (cf. *Gl* 2,20), ou seja, no amor pleno a Deus e aos irmãos.

89.   A fé possui também um conteúdo moral: dá origem e exige um compromisso coerente de vida, comporta e aperfeiçoa o acolhimento e a observância dos mandamentos divinos. Como escreve o

evangelista João, «Deus é luz e nele não há trevas. Se dissermos que temos comunhão com ele e andarmos nas trevas, mentimos e não praticamos a verdade (...) E sabemos que o conhecemos por isto: se guardarmos os seus mandamentos. Aquele que diz conhecê-lo, e não guarda os seus mandamentos é mentiroso, e a verdade não está nele. Mas quem guarda a sua palavra, nesse, o amor de Deus é verdadeiramente perfeito; e, por isso, conhecemos que estamos nele. Aquele que diz que está nele, deve também andar como ele andou» (*1Jo* 1,5-6; 2,3-6).

Através da vida moral, a fé torna-se «confissão» não só perante Deus, mas também diante dos homens: faz-se *testemunho*. «Vós sois a luz do mundo — disse Jesus —. Não se pode esconder uma cidade situada sobre um monte; nem se acende a candeia para colocá-la debaixo do alqueire, mas sim no candeeiro, e assim alumia a todos os que estão em casa. Brilhe a vossa luz diante dos homens, de modo que, vendo as vossas boas obras, glorifiquem o vosso Pai, que está nos Céus» (*Mt* 5,14-16). Estas obras são, sobretudo, as da caridade (cf. *Mt* 25,31-46) e da autêntica liberdade que se manifesta e vive no dom de si. *Até ao dom total de si*, como fez Jesus que, sobre a cruz, «amou a Igreja e por ela se entregou» (*Ef* 5,25). O testemunho de Cristo é fonte, paradigma e força para o testemunho do discípulo, chamado a seguir pela mesma estrada: «Se alguém quer vir após mim, negue-se a si mesmo, tome a sua cruz, dia após dia, e siga-me» (*Lc* 9,23). A caridade, segundo as exigências do radicalismo evangélico, pode levar o crente ao supremo testemunho do *martírio*. Sempre, segundo o exemplo de Jesus que morre na cruz: «Sede, pois, imitadores de Deus, como filhos muito amados, — escreve Paulo aos cristãos de Éfeso — e progredi na caridade, segundo o exemplo de Cristo, que nos amou e por nós se entregou a Deus como oferenda e sacrifício de agradável odor» (*Ef* 5,1-2).

O martírio, exaltação da santidade inviolável da lei de Deus

90. A relação entre fé e moral transparece com todo o seu fulgor no *respeito incondicional devido às exigências inalienáveis da dignidade pessoal de cada homem,* àquelas exigências defendidas pelas normas morais que proíbem sem exceção os atos intrinsecamente maus. A universalidade e imutabilidade da norma moral manifesta e, ao mesmo tempo, serve de tutela à dignidade pessoal, ou seja, à inviolabilidade do homem, em cuja face brilha o esplendor de Deus (cf. *Gn* 9,5-6).

A recusa das teorias éticas «teleológicas», «conseqüencialistas» e «proporcionalistas», que negam a existência de normas morais negativas referentes a determinados comportamentos e válidas sem exceção, encontra uma confirmação particularmente eloqüente no fato do martírio cristão, que sempre acompanhou e ainda acompanha a vida da Igreja.

91. Já na Antiga Aliança, encontramos admiráveis testemunhos de uma fidelidade à lei santa de Deus levada até à voluntária aceitação da morte. Emblemática é a história de *Susana:* aos dois juízes injustos, que ameaçavam condená-la à morte se se recusasse ceder às suas paixões impuras, assim responde: «A que aflições me encontro submetida de todos os lados! Consentir? É para a mim a morte. Negar-me? Nem mesmo assim vos escaparei. Não! É preferível para mim cair em vossas mãos sem ter feito nada, do que pecar aos olhos do Senhor!» (*Dn* 13,22-23). Susana, preferindo «cair inocente» nas mãos dos juízes, testemunha não só a sua fé e confiança em Deus, mas também a sua obediência à verdade e ao caráter absoluto da ordem moral: com a sua disponibilidade para o martírio, proclama que não é justo praticar o que a lei de Deus qualifica como mal para dele conseguir algum bem. Ela escolhe para si a «melhor parte»: um claríssimo testemunho, sem qualquer reserva, à verdade do bem e ao Deus de Israel; manifesta assim, nos seus atos, a santidade de Deus.

No limiar do Novo Testamento, João Batista, recusando-se a calar a lei do Senhor e a comprometer-se com o mal, «deu a sua vida pela justiça e pela verdade»,[142] e foi assim o precursor do Messias também no martírio (cf. *Mc* 6,17-29). Por isso, «foi encerrado na escuridão do cárcere aquele que

---

142. *Missale Romanum, In Passione S. Iohannis Baptistae, Collecta.*

veio para dar testemunho da luz e que mereceu ser chamado pela mesma luz, que é Cristo, lâmpada que arde e ilumina (...) E foi batizado no próprio sangue aquele a quem fora concedido batizar o Redentor do mundo».[143]

Na Nova Aliança, encontram-se numerosos testemunhos de *seguidores de Cristo* — a começar pelo diácono Estêvão (cf. *At* 6,8-7,60) e o apóstolo Tiago (cf. *At* 12,1-2) —, que morreram mártires para confessarem a sua fé e o seu amor ao Mestre e para não o renegarem. Nisto, eles seguiram o Senhor Jesus, que, diante de Caifás e Pilatos, «deu um tão belo testemunho» (*1Tm* 6,13), confirmando a verdade da sua mensagem com o dom da vida. Inumeráveis os mártires que preferiram as perseguições e a morte, a cumprir o gesto idólatra de queimar incenso perante a estátua do Imperador (cf. *Ap* 13,7-10). Rejeitaram inclusive simular um tal culto, dando assim o exemplo do dever de abster-se até de um mero comportamento exterior contrário ao amor de Deus e ao testemunho da fé. Na obediência, eles confiaram e entregaram, como Cristo, a sua vida ao Pai, aquele que os podia livrar da morte (cf. *Hb* 5,7).

A Igreja propõe o exemplo de numerosos *santos e santas* que testemunharam e defenderam a verdade moral até ao martírio ou preferiram a morte a um só pecado mortal. Elevando-os à honra dos altares, a Igreja canonizou o seu testemu-

---

143. S. BEDA O VENERÁVEL, *Homeliarum Evangelii Libri*, II, 23: *CCL* 122, 556-557.

nho e declarou verdadeiro o seu juízo, segundo o qual o amor de Deus implica obrigatoriamente o respeito dos seus mandamentos, inclusive nas circunstâncias mais graves, e a recusa de atraiçoá-los, mesmo com a intenção de salvar a própria vida.

92. No martírio, enquanto afirmação da inviolabilidade da ordem moral, refulge a santidade da lei divina e, conjuntamente, a intangibilidade da dignidade pessoal do homem, criado à imagem e semelhança de Deus: é uma dignidade que nunca é permitido aviltar ou contrariar, nem mesmo com boas intenções, sejam quais forem as dificuldades. Jesus adverte-nos, com a máxima severidade: «Que aproveita ao homem ganhar o mundo inteiro e perder a sua alma?» (*Mc* 8,36).

O martírio desautoriza como ilusório e falso, qualquer «significado humano» que se pretendesse atribuir, mesmo em condições «excepcionais», ao ato em si próprio moralmente mau; mais ainda, revela claramente a sua verdadeira face: a de uma *violação da «humanidade» do homem*, antes ainda em quem o realiza do que naquele que o padece.[144] Portanto, o martírio é também exaltação da perfeita «humanidade» e da verdadeira «vida» da pessoa, como testemunha S. Inácio de Antioquia, dirigindo-se aos cristãos de Roma, lugar do seu martírio: «Tende compaixão de mim,

---

144. Cf. CONC. ECUM. VAT. II, Const. past. sobre a Igreja no mundo contemporâneo *Gaudium et Spes*, 27.

irmãos: não me impeçais de viver, não queirais que eu morra (...) Deixai que eu alcance a pura luz; chegado lá, *serei verdadeiramente homem.* Deixai que eu imite a paixão do meu Deus».[145]

93. O martírio é, enfim, um preclaro *sinal da santidade da Igreja:* a fidelidade à lei santa de Deus, testemunhada com a morte, é anúncio solene e compromisso missionário *usque ad sanguinem,* a fim de que o esplendor da verdade moral não seja ofuscado nos costumes e na mentalidade das pessoas e da sociedade. Um tal testemunho oferece uma contribuição de valor extraordinário, para que, tanto na sociedade civil como também no seio das próprias comunidades eclesiais, não se caia na crise mais perigosa que pode afligir o homem: *a confusão do bem e do mal,* que torna impossível construir e conservar a ordem moral dos indivíduos e das comunidades. Os mártires, e mais em geral todos os santos da Igreja, através do exemplo eloqüente e fascinante de uma vida totalmente transfigurada pelo esplendor da verdade moral, iluminam cada época da história despertando o seu sentido moral. Dando pleno testemunho do bem, eles são uma viva censura para os que transgridem a lei (cf. *Sb* 2,12), e fazem ressoar, com permanente atualidade, as palavras do profeta: «Ai dos que ao mal chamam bem, e ao bem mal, que têm as trevas por luz e a luz por trevas, que têm o amargo por doce e o doce por amargo» (*Is* 5,20).

145. *Ad Romanos,* VI, 2-3: *Patres Apostolici,* ed. F.X. FUNK, I, 260-261.

Se o martírio representa o ápice do testemunho a favor da verdade moral, ao qual relativamente poucos podem ser chamados, há, contudo, um testemunho coerente que todos os cristãos devem estar prontos a dar cada dia, mesmo à custa de sofrimentos e de graves sacrifícios. De fato, diante das múltiplas dificuldades que, mesmo nas circunstâncias mais comuns, pode exigir a fidelidade à ordem moral, o cristão é chamado, com a graça de Deus implorada na oração, a um compromisso por vezes heróico, amparado pela virtude da fortaleza, mediante a qual — como ensina S. Gregório Magno — ele consegue até «amar as dificuldades deste mundo, em vista do prêmio eterno».[146]

94. Neste testemunho ao caráter absoluto do bem moral, *os cristãos não estão sós:* encontram confirmação no sentido moral dos povos e nas grandes tradições religiosas e sapienciais do Ocidente e do Oriente, não sem uma interior e misteriosa ação do Espírito de Deus. Sirva de exemplo, a expressão do poeta latino Juvenal: «Considera o maior dos crimes preferir a sobrevivência à honra e, por amor da vida física, perder as razões de viver».[147] A voz da consciência sempre invocou, sem ambigüidades, a existência de verdades e valores morais, pelos quais se deve estar pronto inclusive a dar a vida. Na palavra e sobretudo no

146. *Moralia in Job,* VII, 21, 24: *PL* 75, 778.

147. «Summum crede nefas animam praeferre pudori/et propter vitam vivendi perdere causas»: *Satirae,* VIII, 83-84.

sacrifício da vida pelo valor moral, a Igreja reconhece o mesmo testemunho àquela verdade que, já presente na criação, resplandece plenamente no rosto de Cristo: «Sabemos — escreve S. Justino — que os seguidores das doutrinas dos estóicos foram expostos ao ódio e mortos, quando deram prova de sabedoria no seu enunciado moral (...) graças à semente do Verbo inscrita em todo o gênero humano».[148]

*As normas morais universais
e imutáveis a serviço da pessoa e da sociedade*

95.   A doutrina da Igreja, e particularmente a sua firmeza em defender a validade universal e permanente dos preceitos que proíbem os atos intrinsecamente maus, é julgada freqüentemente como sinal de uma intransigência intolerável, sobretudo nas situações extremamente complexas e conflituosas da vida moral do homem e da sociedade de hoje: uma intransigência que estaria em contraste com o sentido materno da Igreja. Nesta, dizem, escasseia a compreensão e a compaixão. Mas, na verdade, a maternidade da Igreja nunca pode ser separada da missão de ensinar que ela deve cumprir sempre como Esposa fiel de Cristo, a Verdade em pessoa: «Como Mestra, ela não se cansa de proclamar a norma moral (...) De tal norma, a Igreja não é, certamente, nem a autora nem o juiz. Em obediência à verdade que é Cristo,

148. *Apologia* II, 8: *PG* 6, 457-458.

148

cuja imagem se reflete na natureza e na dignidade da pessoa humana, a Igreja interpreta a norma moral e propõe-na a todos os homens de boa vontade, sem esconder as suas exigências de radicalidade e de perfeição».[149]

Na realidade, a verdadeira compreensão e a genuína compaixão devem significar amor pela pessoa, pelo seu verdadeiro bem, pela sua liberdade autêntica. E isto, certamente, não acontece escondendo ou enfraquecendo a verdade moral, mas sim propondo-a no seu íntimo significado de irradiação da Sabedoria eterna de Deus, que nos veio por Cristo, e de serviço ao homem, ao crescimento da sua liberdade e à consecução da sua felicidade.[150]

Ao mesmo tempo, a apresentação clara e vigorosa da verdade moral jamais pode prescindir de um profundo e sincero respeito, animado por um amor paciente e confiante, de que o homem sempre necessita na sua caminhada moral, tornada, com freqüência, cansativa pelas dificuldades, debilidades e situações dolorosas. A Igreja, que jamais poderá renunciar ao «princípio da verdade e da coerência, pelo qual não aceita chamar bem ao mal e mal ao bem»,[151] deve estar sempre atenta para não quebrar a cana já rachada e para não apagar a chama que ainda fumega (cf. *Is* 42,3). Paulo VI escreveu: «Não diminuir em nada a dou-

---

149. Exort. ap. *Familiaris Consortio* (22 de Novembro de 1981), 33: *MS* 74 (1982), 120.

150. Cf. *ibid.*, 34: *l.c.*, 123-125.

151. Exort. ap. pós-sinodal *Reconciliatio et Paenitentia* (2 de Dezembro de 1984), 34: *AAS* 77 (1985), 272.

trina salvadora de Cristo constitui eminente forma de caridade para com as almas. Esta, porém, deve ser sempre acompanhada da paciência e bondade, de que o próprio Senhor deu exemplo ao tratar com os homens. Tendo vindo não para julgar mas para salvar (cf. *Jo* 3,17), ele foi certamente intransigente com o mal, mas misericordioso com as pessoas».[152]

96. A firmeza da Igreja em defender as normas morais universais e imutáveis, nada tem de humilhante. Fá-lo apenas a serviço da verdadeira liberdade do homem: dado que não há liberdade fora ou contra a verdade, a defesa categórica, ou seja, sem concessões nem compromissos, das exigências absolutamente irrenunciáveis da dignidade pessoal do homem, deve considerar-se caminho e condição para a existência mesma da liberdade.

Este serviço é oferecido a *cada homem,* considerado na unicidade e irrepetibilidade do seu ser e existir: só na obediência às normas morais universais, o homem encontra plena confirmação da unicidade como pessoa e possibilidade de verdadeiro crescimento moral. E, precisamente por isso, um tal serviço é prestado a *todos os homens:* não só aos indivíduos, mas também à comunidade, à sociedade como tal. Estas normas constituem, de fato, o fundamento inabalável e a sólida garantia de uma justa e pacífica convivência humana, e, portanto, de uma verdadeira democracia, que pode

152. Carta enc. *Humanae Vitae* (25 de Julho de 1968), 29: *AAS* 60 (1968), 501.

nascer e crescer apenas sobre a igualdade de todos os seus membros, irmanados nos direitos e deveres. *Diante das normas morais que proíbem o mal intrínseco, não existem privilégios, nem exceções para ninguém.* Ser o dono do mundo ou o último «miserável» sobre a face da terra, não faz diferença alguma: perante as exigências morais, todos somos absolutamente iguais.

97. Assim as normas morais, e primariamente as negativas que proíbem, o mal manifestam o seu significado e a sua *força, ao mesmo tempo, pessoal e social:* ao proteger a inviolável dignidade pessoal de cada homem, elas servem a própria conservação do tecido social humano e o seu reto e fecundo desenvolvimento. Particularmente os mandamentos da segunda tábua do Decálogo, lembrados também por Jesus ao jovem do Evangelho (cf. *Mt* 19,18), constituem as regras primordiais de toda a vida social.

Estes mandamentos são formulados em termos gerais. Mas, o fato de que «a pessoa humana é e deve ser o princípio, o sujeito e o fim de todas as instituições sociais»,[153] permite precisá-los e explicitá-los num código de comportamento mais pormenorizado. Neste sentido, as regras morais fundamentais da vida social comportam *exigências determinadas*, às quais se devem ater tanto as autoridades públicas, como os cidadãos. Indepen-

---

153. CONC. ECUM. VAT. II, Const. past. sobre a Igreja no mundo contemporâneo *Gaudium et Spes*, 25.

dentemente das intenções, por vezes boas, e das circunstâncias, amiúde difíceis, as autoridades civis e os sujeitos particulares nunca estão autorizados a transgredir os direitos fundamentais e inalienáveis da pessoa humana. Assim, só uma moral que reconhece normas válidas sempre e para todos, sem qualquer exceção, pode garantir o fundamento ético da convivência social tanto nacional como internacional.

A moral e a renovação da vida social e política

98. Perante as graves formas de injustiça social e econômica e de corrupção política, que gravam sobre povos e nações inteiras, cresce a reação indignada de muitíssimas pessoas oprimidas e humilhadas nos seus direitos humanos fundamentais e torna-se sempre mais ampla e sentida a *necessidade de uma radical renovação* pessoal e social capaz de assegurar justiça, solidariedade, honestidade, transparência.

É certamente longa e dura, a estrada a percorrer; numerosos e ingentes são os esforços a cumprir para levar a cabo uma tal renovação, inclusive pela multiplicidade e gravidade das causas que geram e alimentam as situações de injustiça hoje presentes no mundo. Mas, como ensina a história e a experiência de cada um, não é difícil identificar na base destas situações, causas propriamente «culturais», isto é, relacionadas com determinadas visões do homem, da sociedade e do mundo.

Na verdade, no âmago da *questão cultural* está o *sentido moral,* que, por sua vez, se fundamenta e realiza no *sentido religioso.*[154]

99. Só Deus, o Bem supremo, constitui a base irremovível e a condição insubstituível da moralidade, e portanto dos mandamentos, em particular dos negativos que proíbem, sempre e em todos os casos, o comportamento e os atos incompatíveis com a dignidade pessoa, de cada homem. Deste modo, o Bem supremo e o bem moral encontram-se na *verdade:* a verdade de Deus Criador e Redentor e a verdade do homem criado e redimido por ele. Apenas sobre esta verdade é possível construir uma sociedade renovada e resolver os complexos e gravosos problemas que a abalam, sendo o primeiro deles vencer as mais diversas formas de totalitarismo para abrir caminho à autêntica *liberdade* da pessoa. «O totalitarismo nasce da negação da verdade em sentido objetivo: se não existe uma verdade transcendente, na obediência à qual o homem adquire a sua plena identidade, então não há qualquer princípio seguro que garanta relações justas entre os homens. Com efeito, o seu interesse de classe, de grupo, de Nação contrapõe-nos inevitavelmente uns aos outros. Se não se reconhece a verdade transcendente, triunfa a força do poder, e cada um tende a aproveitar-se ao máximo dos meios à sua disposição para

---

154. Cf. Carta enc. *Centesimus Annus* (1 de Maio de 1991), 24: *AAS* 83 (1991), 821-822.

impor o próprio interesse ou opinião, sem atender aos direitos do outro (...) A raiz do totalitarismo moderno, portanto, deve ser individuada na negação da transcendente dignidade da pessoa humana, imagem visível de Deus invisível e, precisamente por isso, pela sua própria natureza, sujeito de direitos que ninguém pode violar: seja indivíduo, grupo, classe, Nação ou Estado. Nem tão pouco o pode fazer a maioria de um corpo social, lançando-se contra a minoria, alienando, oprimindo, explorando ou tentando destruí-la».[155]

Por isso, a conexão indivisível entre verdade e liberdade — que exprime o vínculo essencial entre a sabedoria e a vontade de Deus — possui um significado de extrema importância para a vida das pessoas no âmbito sócio-econômico e sócio-político, como resulta da doutrina social da Igreja — a qual «pertence (...) ao campo da teologia e, especialmente da teologia moral».[156] — e da sua apresentação de mandamentos que regulam a vida social, econômica e política, não só no que se refere a atitudes gerais, mas também a precisos e determinados comportamentos e atos concretos.

100.   Desta forma, o *Catecismo da Igreja Católica*, depois de ter afirmado que, «em matéria econômica, o respeito da dignidade humana exige a prática da virtude da *temperança,* para moderar o

155. *Ibid.,* 44: *l.c.,* 848-849; Cf. LEÃO XIII, Carta enc. *Libertas Praestantissimum* (20 de Junho de 1888): *Leonis XIII P.M. Acta, VIII,* Romae 1889, 224-226.

156. Carta enc. *Sollicitudo Rei Socialis* (30 de Dezembro de 1987), 41: *AAS* 80 (1988), 571.

apego aos bens deste mundo; da virtude da justiça, para acautelar os direitos do próximo e dar-lhe o que é devido; e da *solidariedade*, segundo a regra de ouro e conforme a liberalidade do Senhor, que "sendo rico se fez pobre para nos enriquecer com a sua pobreza" (*2Cor* 8,9)»,[157] apresenta uma série de comportamentos e atos que vão contra a dignidade humana: o furto, o reter deliberadamente coisas recebidas por empréstimo ou objetos perdidos, a fraude no comércio (cf. *Dt* 25,13-16), os salários injustos (cf. *Dt* 24,14-15; *Tg* 5,4), o aumento dos preços, especulando sobre a ignorância e a necessidade alheia (cf. *Am* 8,4-6), a apropriação e o uso privado dos bens sociais de uma empresa, os trabalhos mal executados, a fraude fiscal, a falsificação de cheques e faturas, os gastos excessivos, o desperdício etc.[158] E ainda: «O sétimo mandamento proíbe os atos ou empreendimentos que, seja por que motivo for — egoísta ou ideológico, mercantil ou totalitário —, conduzam a *escravizar seres humanos*, a desconhecer a sua dignidade pessoal, a comprá-los, vendê-los, trocá-los como mercadoria. É um pecado contra a dignidade das pessoas e seus direitos fundamentais reduzi-las, pela violência, a um valor utilitário ou a uma fonte de lucro. S. Paulo ordenava a um amo cristão que tratasse seu escravo, também cristão, "não como escravo, mas como irmão (...), como um homem, no Senhor" (*Fm* 16)».[159]

157. *Catecismo da Igreja Católica*, n. 2407.

158. Cf. *ibid.*, nn. 2408-2413.

159. *Ibid.*, n. 2414.

101. No âmbito político, deve-se assinalar que a veracidade nas relações dos governantes com os governados, a transparência na administração pública, a imparcialidade no serviço das Instituições públicas, o respeito dos direitos dos adversários políticos, a tutela dos direitos dos acusados face a processos e condenações sumárias, o uso justo e honesto do dinheiro público, a recusa de meios equívocos ou ilícitos para conquistar, manter e aumentar a todo o custo o poder, são princípios que encontram a sua raiz primária — como também a sua singular urgência — no valor transcendente da pessoa e nas exigências morais objetivas de governo dos Estados.[160] Quando aqueles deixam de ser observados, esmorece o próprio fundamento da convivência política e toda a vida social fica progressivamente comprometida, ameaçada e votada à sua dissolução (cf. *Sl* 13/14,3-4; *Ap* 18,2-3. 9-24). Após a queda, em muitos países, das ideologias que vinculavam a política a uma concepção totalitária do mundo — sendo o marxismo, a primeira dentre elas —, esboça-se hoje um risco não menos grave para a negação dos direitos fundamentais da pessoa humana e para a reabsorção na política da própria inquietação religiosa que habita no coração de cada ser humano: é *o risco da aliança entre democracia e relativismo* ético, que tira à convivência civil qualquer ponto seguro de referência moral, e, mais radicalmente, priva-a

---

160. Cf. Exort. ap. pós-sinodal *Christifideles Laici* (30 de Dezembro de 1988), 42: *AAS* 81 (1989), 472-476.

da verificação da verdade. De fato, «se não existe nenhuma verdade última que guie e oriente a ação política, então as idéias e as convicções políticas podem ser facilmente instrumentalizadas para fins de poder. Uma democracia sem valores converte-se facilmente num totalitarismo aberto ou dissimulado, como a história demonstra».[161]

Desta forma, em qualquer campo da vida pessoal, familiar, social e política, a moral — que se baseia sobre a verdade e na verdade se abre à autêntica liberdade — presta um serviço original, insubstituível e de enorme valor não só para o indivíduo e o seu crescimento no bem, mas também para a sociedade e o seu verdadeiro progresso.

Graça e obediência à lei de Deus

102.   Mesmo nas situações mais difíceis, o homem deve observar a norma moral para ser obediente ao santo mandamento de Deus e coerente com a própria dignidade pessoal. Certamente a harmonia entre liberdade e verdade pede, por vezes, sacrifícios extraordinários, sendo conquistada por alto preço: pode comportar inclusive o martírio. Mas, como demonstra a experiência universal e cotidiana, o homem sente-se tentado a romper essa harmonia: «Não faço aquilo que quero, mas sim aquilo que aborreço (...) O bem que eu quero não o faço, mas o mal que não quero» (*Rm* 7,15. 19).

---

161. Carta enc. *Centesimus Annus* (1 de Maio de 1991), 46: *AAS* 83 (1991), 850.

Mas donde provém, em última análise, esta cisão interior do homem? Este começa a sua história de pecado, quando deixa de reconhecer o Senhor como seu Criador e quer ser ele mesmo a decidir, com total independência, o que é bem e o que é mal. «Sereis como Deus, e ficareis a conhecer o bem e o mal» (*Gn* 3,5): esta é a primeira tentação, e dela fazem eco todas as outras tentações, às quais o homem está mais facilmente inclinado a ceder por causa das feridas da queda original.

Mas as tentações podem ser vencidas, os pecados podem ser evitados, porque, com os mandamentos, o Senhor nos dá a possibilidade de observá-los: «Os olhos do Senhor estão sobre os que o temem, ele conhece as ações de cada um. Ele a ninguém deu ordem para fazer o mal e a ninguém deu permissão de pecar (*Eclo* 15,19-20).

A observância da lei de Deus, em determinadas situações, pode ser difícil, até dificílima: nunca, porém, impossível. Este é um ensinamento constante da tradição da Igreja, assim expresso pelo Concílio de Trento: «Ninguém pois, mesmo justificado, se deve considerar livre da observância dos mandamentos; ninguém se deve apropriar daquela expressão temerária e já condenada com a excomunhão pelos Padres, segundo a qual é impossível ao homem justificado observar os mandamentos de Deus. De fato, Deus não manda coisas impossíveis, mas ao ordená-las exorta-te a fazeres tudo o que podes, e a pedires o que não podes, ajudando-te para que possas; com efeito, "os mandamentos de Deus não são pesados" (cf. 1 *Jo* 5,3) e "o seu jugo é suave e o seu fardo leve" (cf. *Mt* 11,30)».[162]

103.   Ao homem, permanece sempre aberto o horizonte espiritual da esperança, com a *ajuda da graça divina* e com a *colaboração da liberdade humana.*

É na Cruz salvadora de Jesus, no dom do Espírito Santo, nos Sacramentos que promanam do lado trespassado do Redentor (cf. *Jo* 19,34), que o crente encontra a graça e a força para observar sempre a lei santa de Deus, inclusive no meio das mais graves dificuldades. Como diz S. André de Creta, a própria lei «foi animada pela graça e posta a serviço desta numa combinação harmônica e fecunda. Cada uma delas conservou as suas características sem alteração nem confusão. Mas a lei, que antes constituía um ônus gravoso e uma tirania, tornou-se, por obra de Deus, peso suave e fonte de liberdade».[163]

Só no mistério da Redenção de Cristo se encontram as «concretas» possibilidades do homem. «Seria um erro gravíssimo concluir (...) que a norma ensinada pela Igreja é em si própria apenas um "ideal" que deve posteriormente ser adaptado, proporcionado, graduado — dizem — às concretas possibilidades do homem: segundo um "cálculo dos

---

162. Sess. VI, Decr. sobre a justificação *Cum hoc tempore,* cap. 11: *DS,* 1536; cf. cân. 18: *DS,* 1568. O conhecido texto de S. Agostinho, citado pelo Concílio na referida passagem, é tirado do *De natura et gratia,* 43, 50 (*CSEL* 60, 270).

163. *Oratio* I: *PG* 97, 805-806.

vários bens em questão". Mas, quais são as "concretas possibilidades do homem"? E de *que* homem se fala? Do homem *dominado* pela concupiscência ou do homem *redimido por Cristo?* Pois é disso que se trata: da *realidade* da redenção de Cristo. *Cristo redimiu-nos!* O que significa que ele nos deu a *possibilidade* de realizar *toda* a verdade do nosso ser; ele libertou a nossa liberdade *do domínio* da concupiscência. E se o homem redimido ainda peca, não é devido à imperfeição do ato redentor de Cristo, mas à vo*ntade* do homem de furtar-se à graça que brota daquele ato. O mandamento de Deus é certamente proporcionado às capacidades do homem: mas às capacidades do homem a quem foi dado o Espírito Santo; do homem que, no caso de cair no pecado, sempre pode obter o perdão e gozar da presença do Espírito».[164]

104. Neste contexto, abre-se o justo espaço à *misericórdia de Deus* pelo pecado do homem que se converte, e à *compreensão pela fraqueza humana*. Esta compreensão não significa nunca comprometer e falsificar a medida do bem e do mal, para adaptá-la às circunstâncias. Se é humano que a pessoa, tendo pecado, reconheça a sua fraqueza e peça misericórdia pela própria culpa, é inaceitável, pelo contrário, o comportamento de quem faz da própria fraqueza o critério da verdade do bem, de modo a poder sentir-se justificado

164. *Discurso* aos participantes num curso sobre a procriação responsável (1 de Março de 1984), 4: *Insegnamenti* VII, 1 (1984), 583.

por si só, mesmo sem necessidade de recorrer a Deus e à sua misericórdia. Semelhante atitude corrompe a moralidade da sociedade inteira, porque ensina a duvidar da objetividade da lei moral em geral e a rejeitar o caráter absoluto das proibições morais acerca de determinados atos humanos, acabando por confundir todos os juízos de valor.

Devemos, ao invés, acolher a *mensagem que nos vem da parábola evangélica do fariseu e do publicano* (cf. *Lc* 18,9-14). Talvez o publicano pudesse ter alguma justificação para os pecados cometidos, de modo a diminuir a sua responsabilidade. Porém, não é sobre estas justificações que se detém a sua oração, mas sobre a própria indignidade face à infinita santidade de Deus: «Ó Deus, tem piedade de mim, que sou pecador» (*Lc* 18,13). O fariseu, pelo contrário, justifica-se por si só, encontrando talvez uma desculpa para cada uma das suas faltas. Defrontamo-nos, assim, com dois comportamentos diversos da consciência moral do homem de todos os tempos. O publicano apresenta-nos uma consciência «penitente», que está plenamente ciente da fragilidade da própria natureza e vê nas próprias faltas, independentemente das justificações subjetivas, uma confirmação do próprio ser necessitado de redenção. O fariseu mostra-nos uma consciência «satisfeita consigo mesma», que se ilude de poder observar a lei sem a ajuda da graça e está convencida de não ter necessidade da misericórdia.

105. A todos é pedida uma grande vigilância para não deixar-se contagiar pela atitude farisaica que pretende eliminar a consciência da própria limitação e do próprio pecado, e que hoje se exprime particularmente na tentativa de adaptar a norma moral às próprias capacidades e interesses, e até na rejeição do conceito mesmo de norma. Pelo contrário, aceitar a «desproporção» entre a lei e a capacidade humana, ou seja, a capacidade das simples forças morais do homem deixado a si próprio, aviva o desejo da graça e predispõe a recebê-la. «Quem me há de libertar deste corpo de morte?» — pergunta-se o apóstolo Paulo. E numa jubilosa e grata confissão, responde: «Graças sejam dadas a Deus, por Jesus Cristo, Nosso Senhor!» (*Rm* 7, 24-25).

A mesma consciência nos aparece nesta oração de S. Ambrósio de Milão: «De fato, o que é o homem se vós não o visitais? Não esqueçais, portanto, o débil. Lembrai-vos, ó Senhor, que me fizestes débil, e que do pó me plasmastes. Como poderei permanecer de pé, se vós não me olhais continuamente para consolidar este barro, já que a minha consistência provém da vossa face? "Se escondeis o vosso rosto, tudo desfalece" (*Sl* 103,29): mas, se vós me olhais, ai de mim! Nada tendes para ver em mim senão montanhas de delitos: não traz vantagem ser abandonados nem ser vistos, porque, quando somos contemplados, provocamos desgosto. Podemos, porém, pensar que Deus não rejeita aqueles que vê, porque purifica aos que olha. Diante dele arde um fogo capaz de queimar a culpa (cf. *n* 2,3)».[165]

Moral e nova evangelização

106.   A evangelização é o desafio mais forte e sublime, que a Igreja é chamada a enfrentar desde a sua origem. Na verdade, a proporem este desafio não são tanto as situações sociais e culturais que ela encontra ao longo da história, como sobretudo o mandato de Jesus Cristo ressuscitado, que assim define a razão da existência da Igreja: «Ide pelo mundo inteiro e anunciai a Boa Nova a toda criatura» (*Mc* 16,15).

Mas o momento que estamos vivendo, pelo menos numa extensão grande da humanidade, é mais o de um formidável incitamento à «nova evangelização», ou seja, ao anúncio do Evangelho sempre novo e sempre portador de novidade, uma evangelização que deve ser «nova no seu ardor, nos seus métodos e na sua expressão»[166] A descristianização que pesa sobre povos e comunidades inteiras, outrora ricas de fé e de vida cristã, comporta não só a perda da fé ou de qualquer modo a sua ineficácia na vida, mas também, e necessariamente, u*m declínio ou um obscurecimento do sentido moral*: e isto, quer pela dissipação da consciência da origi-

---

165. *De interpellatione David*, IV, 6, 22: *CSEL* 32/2, 283-284.

166. *Discurso* aos Bispos do CELAM (9 de Março de 1983), III: *Insegnamenti*, VI, 1 (1983), 698.

nalidade da moral evangélica, quer pelo eclipse dos próprios princípios e valores éticos fundamentais. As tendências subjetivistas, relativistas e utilitaristas, hoje amplamente difundidas, apresentam-se não simplesmente como posições pragmáticas, como prática comum, mas como concepções consolidadas do ponto de vista teorético que reivindicam uma sua plena legitimidade cultural e social.

107. *A evangelização* — e, portanto, a «nova evangelização» — *comporta também o anúncio e a proposta moral.* O próprio Jesus, precisamente ao pregar o Reino de Deus e o seu amor salvífico, fez apelo à fé e à conversão (cf. *Mc* 1,15). E Pedro, com os outros Apóstolos, ao anunciar a ressurreição de Jesus de Nazaré de entre os mortos, propõe uma vida nova a viver, um «caminho» a seguir para ser discípulo do Ressuscitado (cf. *At* 2,37-41; 3,17-20).

Tanto ou mais ainda que pelas verdades da fé, é ao propor os fundamentos e os conteúdos da moral cristã que a nova evangelização manifesta a sua autenticidade, e, ao mesmo tempo, expande toda a sua força missionária, quando se realiza com o dom não só da palavra *anunciada,* mas também da palavra *vivida.* É particularmente a *vida de santidade,* resplandecente em tantos membros do Povo de Deus, humildes e, com freqüência, despercebidos aos olhos dos homens, que constitui o caminho mais simples e fascinante, onde é permitido perceber imediatamente a beleza da verdade, a força libertadora do amor de Deus, o valor da fidelidade incondicional a todas as exigências da lei do Senhor, mesmo nas circunstâncias mais difíceis. Por isso, a Igreja, com a sua sábia pedagogia moral, sempre convidou os crentes a procurarem e a encontrarem nos santos e santas, e, em primeiro lugar, na Virgem Mãe de Deus «cheia de graça» e «toda santa», o modelo, a força e a alegria para viver uma vida conforme aos mandamentos e às Bem-aventuranças do Evangelho.

A vida dos santos, reflexo da bondade de Deus — daquele que «só é bom» —, constitui não apenas uma verdadeira confissão de fé e um impulso para a comunicar aos outros, mas também uma glorificação de Deus e da sua infinita santidade. Uma vida santa leva assim à sua plenitude de expressão e atuação o tríplice e unitário *munus propheticum, sacerdotale et regale,* que cada cristão recebe como dom no renascimento batismal «da água e do Espírito» (*Jo* 3,5). A sua vida moral possui o valor de um «culto espiritual» (*Rm* 12,1; cf. *Fl* 3,3), que brota e se alimenta daquela fonte inesgotável de santidade e glorificação de Deus que são os Sacramentos, especialmente a Eucaristia: com efeito, ao participar no sacrifício da Cruz, o cristão comunga do amor de doação de Cristo, ficando habilitado e comprometido a viver esta mesma caridade em todas as suas atitudes e comportamentos de vida. Na vida moral, revela-se e atua-se ainda o serviço régio do cristão: quanto mais ele, com a ajuda da graça, obedece à lei nova do Espírito Santo, tanto mais cresce na liberdade, à qual é chamado através do serviço da verdade, da caridade e da justiça.

108. Na raiz da nova evangelização e da vida moral nova, que aquela propõe e suscita com os seus frutos de santidade e de missionação, está o *Espírito de Cristo*, princípio e força da fecundidade da santa Mãe Igreja, como nos recorda Paulo VI: «A evangelização nunca será possível sem a ação do Espírito Santo».[167] Ao Espírito de Jesus, acolhido pelo coração humilde e dócil do crente, se devem, pois, o florescimento da vida moral cristã e o testemunho da santidade na grande variedade das vocações, dos dons, das responsabilidades e das condições e situações de vida: é o Espírito Santo — anotava Novaciano, nisto exprimindo a autêntica fé da Igreja — «aquele que deu firmeza aos corações e às mentes dos discípulos, que os iniciou nos mistérios evangélicos, que os iluminou nas coisas divinas; por ele revigorados, não temeram as prisões nem as correntes pelo nome do Senhor; antes, subjugaram as próprias potências e tormentos do mundo, armados já e reforçados por seu intermédio, dotados que foram com os seus dons que este mesmo Espírito reparte e envia como jóias à Igreja, Esposa de Cristo. É ele, de fato, que na Igreja suscita os profetas, instrui os mestres,

---

167. Exort. ap. *Evangelii Nuntiandi* (8 de Dezembro de 1975), 75: *AAS* 68 (1976), 64.

guia as línguas, realiza prodígios e curas, produz obras admiráveis, concede o discernimento dos espíritos, confere os encargos de governo, sugere os conselhos, reparte e harmoniza os restantes dons carismáticos, tornando, assim, por toda parte e em tudo plenamente perfeita a Igreja do Senhor».[168]

No contexto vivo desta nova evangelização, destinada a gerar e a nutrir «a fé que atua pela caridade» (*Gl* 5,6), e em relação com a obra do Espírito Santo, podemos agora compreender o lugar que, na Igreja, comunidade dos crentes, compete à *reflexão que a teologia deve desenvolver sobre a vida moral,* assim como podemos apresentar a missão e a responsabilidade própria dos teólogos moralistas.

O serviço dos teólogos moralistas

109. Toda a Igreja, feita participante do *munus propheticum* do Senhor Jesus mediante o dom do seu Espírito, é chamada à evangelização e ao testemunho de uma vida de fé. Graças à presença permanente do Espírito de verdade nela (cf. *Jo* 14,16-17), «a totalidade dos fiéis que receberam a unção do Espírito Santo (cf. *1Jo* 2,20.27) não pode enganar-se na fé; e esta sua propriedade peculiar manifesta-se por meio do sentir sobrenatural da fé do Povo todo, quando este, "desde os Bispos até o último dos leigos fiéis", manifesta consenso universal em matéria de fé e de costumes».[169]

168. *De Trinitate,* XXIX, 9-10: *CCL* 4, 70.
169. CONC. ECUM. VAT. II, Const. dogm. sobre a Igreja *Lumen Gentium,* 12.

Para cumprir a sua missão profética, a Igreja deve continuamente despertar ou «reavivar» a própria vida de fé (cf. *2Tm* 1,6), particularmente por meio de uma reflexão cada vez mais profunda do conteúdo da mesma fé, sob a guia do Espírito Santo. É a serviço desta «busca fiel da inteligência da fé» que está, de modo específico, *a «vocação» do teólogo na Igreja:* «Entre as vocações suscitadas na Igreja pelo Espírito — lemos na Instrução *Donum veritatis* — distingue-se a do teólogo, que em modo particular, tem a função de adquirir, em comunhão com o Magistério, uma compreensão sempre mais profunda da Palavra de Deus contida na Escritura inspirada e transmitida pela Tradição viva da Igreja. Por sua natureza a fé se apela à inteligência, porque desvela ao homem a verdade sobre o seu destino e o caminho para o alcançar. Mesmo sendo a verdade revelada superior a todo o nosso falar, e sendo os nossos conceitos imperfeitos frente à sua grandeza, em última análise insondável (cf. *Ef* 3,19), ela convida porém a razão — dom de Deus feito para colher a verdade — a entrar na sua luz, tornando-se assim capaz de compreender, em certa medida, aquilo em que crê. A ciência teológica, que respondendo ao convite da verdade, busca a inteligência da fé, auxilia o Povo de Deus, de acordo com o mandamento do Apóstolo (cf. *1Pd* 3,15), a dar razão da própria esperança, àqueles que a pedem».[170]

---

170. CONGREGAÇÃO PARA A DOUTRINA DA FÉ, Instr. sobre a vocação eclesial do teólogo *Donum Veritatis* (24 de Maio de 1990), 6: *AAS* 82 (1990), 1552.

Para definir a própria identidade da teologia e, conseqüentemente, atuar a sua missão específica, é fundamental reconhecer *o seu nexo íntimo e vivo com a Igreja, o seu mistério, a sua vida e missão:* «A teologia é ciência eclesial, porque cresce na Igreja e age sobre a Igreja (...) Ela está a serviço da Igreja, devendo portanto sentir-se dinamicamente inserida na missão da Igreja, particularmente na sua missão profética».[171] Por sua natureza e dinamismo, a teologia autêntica só pode florescer e desenvolver-se mediante uma convicta e responsável participação e «pertença» à Igreja enquanto «comunidade de fé», assim como a esta mesma Igreja e à sua vida de fé retorna o fruto da pesquisa e do aprofundamento teológico.

110.   Quanto foi dito até agora sobre a teologia em geral, pode e deve ser referido à *teologia moral,* considerada na sua especificidade de reflexão cientifica sobre *o Evangelho como dom e mandamento de vida nova,* sobre a vida «segundo a verdade na caridade» (*Ef* 4,15), sobre a vida de santidade da Igreja, na qual resplandece a verdade do bem levado até à sua perfeição. Não só no âmbito da fé, mas também e de modo indivisível no âmbito da moral intervém o *Magistério da Igreja,* cuja tarefa é «discernir, mediante juízos normativos para a consciência dos fiéis, os atos que são em si mesmos conformes às exigências da fé e que pro-

---

171. *Alocução* aos professores e aos alunos da Pontifícia Universidade Gregoriana (15 de Dezembro de 1979), 6: *Insegnamenti* II, 2 (1979) 1424.

movem a sua expressão na vida, e aqueles que, pelo contrário, por sua malícia intrínseca, são incompatíveis com tais exigências».[172]

Pregando os mandamentos de Deus e a caridade de Cristo, o Magistério da Igreja ensina aos fiéis também os preceitos particulares e determinados e pede-lhes que os considerem, em consciência, como moralmente obrigatórios. Desempenha, além disso, um importante papel de vigilância, advertindo os fiéis da presença de eventuais erros, mesmo só implícitos, quando a sua consciência não chega a reconhecer a conveniência e a verdade das regras morais que o Magistério ensina.

Aqui se insere a tarefa específica de quantos, por mandato dos legítimos Pastores, ensinam teologia moral nos Seminários e nas Faculdades Teológicas. Eles têm o grave dever de instruir os fiéis — especialmente os futuros Pastores — sobre todos os mandamentos e as normas práticas que a Igreja declara com autoridade.[173] Apesar dos eventuais limites das argumentações humanas apresentadas pelo Magistério, os teólogos moralistas são chamados a aprofundar as razões dos seus ensinamentos, ilustrar o fundamento dos preceitos por ele indicados e a sua obrigatoriedade, mostrando a sua mútua conexão e a relação com o fim último do homem.[174] Cabe aos teólogos moralistas

172. CONGREGAÇÃO PARA A DOUTRINA DA FÉ, Instr. sobre a vocação eclesial do teólogo *Donum Veritatis* (24 de Maio de 1990), 16: *AAS* 82 (1990), 1557.

173. Cf. *C.I.C.*, cân. 252, 1; 659, 3.

174. Cf. CONC. ECUM. VAT. I, Const. dogm. sobre a fé católica *Dei Filius*, cap. 4: *DS*, 3016.

expor a doutrina da Igreja, dando, no exercício do seu ministério, o exemplo de uma leal adesão, interna e externa, ao ensinamento do Magistério, tanto no campo do dogma como no da moral.[175] Unindo as suas forças para colaborar com o Magistério hierárquico, os teólogos terão a peito fazer sobressair cada vez mais os fundamentos bíblicos, os significados éticos e as motivações antropológicas que apóiam a doutrina moral e a visão do homem, propostas pela Igreja.

111. O serviço que os teólogos moralistas são chamados a prestar, na hora atual, é de primordial importância não só para a vida e missão da Igreja, mas também para a sociedade e a cultura humana. Em estreita e vital conexão com a teologia bíblica e dogmática, compete-lhes sublinhar, na reflexão cientifica, «o aspecto dinâmico que faz ressaltar a resposta que o homem deve dar ao apelo divino no processo do seu crescimento no amor, no âmbito de uma comunidade salvífica. Deste modo, a teologia moral adquirirá uma dimensão espiritual interna, respondendo às exigências de pleno desenvolvimento da *imago Dei,* que está no homem, e às leis do processo espiritual descrito na ascética e mística cristãs».[176]

---

175. Cf. PAULO VI, Carta enc. *Humanae Vitae* (25 de Julho de 1968), 28: *AAS* 60 (1968), 501.

176. S. CONGREGAÇÃO PARA A EDUCAÇÃO CATÓLICA, *A formação teológica dos futuros sacerdotes* (22 de Fevereiro de 1976), n. 100. Vejam-se os nn. 95-101 que apresentam as perspectivas e as condições para um fecundo trabalho de renovação teológico-moral.

Hoje certamente a teologia moral e o seu ensino defrontam-se com uma particular dificuldade. Visto que a moral da Igreja implica necessariamente uma dimensão *normativa*, a teologia moral não se pode reduzir a um conhecimento elaborado só no contexto das chamadas *ciências humanas*. Enquanto estas se ocupam do fenômeno da moralidade como fato histórico e social, a teologia moral embora deva servir-se das ciências do homem e da natureza, não está, porém, subordinada aos resultados da observação empírico-formal ou da compreensão fenomenológica. Na verdade, a incidência das ciências humanas na teologia moral sempre deverá ser regulada pela pergunta originária: O *que é o bem e o mal? Que devo fazer para alcançar a vida eterna?*

112. O teólogo moralista deve, portanto, praticar um cuidadoso discernimento no contexto da atual cultura prevalentemente científica e técnica, sujeita aos perigos do relativismo, pragmatismo e positivismo. Do ponto de vista teológico, os princípios morais não estão dependentes do momento histórico, em que são descobertos. Além disso, o fato de alguns crentes agirem sem observar os ensinamentos do Magistério ou considerarem erradamente como moralmente justa uma conduta, declarada pelos seus Pastores contrária à lei de Deus, não pode constituir argumento válido para rejeitar a verdade das normas morais ensinadas pela Igreja. A afirmação dos princípios morais não é da competência dos métodos empírico-formais.

Sem negar a validade de tais métodos, mas tão pouco sem restringir a eles a sua perspectiva, a teologia moral, fiel ao sentido sobrenatural da fé, toma em consideração sobretudo *a dimensão espiritual do coração humano e a sua vocação ao amor divino.*

De fato, enquanto as ciências humanas, como todas as ciências experimentais, desenvolvem um conceito empírico e estatístico de «normalidade», a fé ensina que uma tal normalidade carrega em si os vestígios de uma queda do homem da sua situação original, ou seja, está afetada pelo pecado. Só a fé cristã indica ao homem o caminho do regresso «ao princípio» (cf. *Mt* 19,8), um caminho que, com freqüência, é bem distinto daquele da normalidade empírica. Neste sentido, as ciências humanas, apesar do grande valor dos conhecimentos que oferecem, não podem ser assumidas como indicadores decisivos das normas morais deste caminho. É o Evangelho que descobre a verdade integral sobre o homem e sobre o seu caminho moral, e assim ilumina e adverte os pecadores anunciando-lhes a misericórdia de Deus, o qual incessantemente cuida de os preservar tanto do desespero por não poderem conhecer e observar a lei divina, como da presunção de se poderem salvar sem merecimento. Além disso, ele lembra-lhes a alegria do perdão, o único capaz de conceder a força para reconhecer na lei moral uma verdade libertadora, uma graça de esperança, um caminho de vida.

113. O ensino da doutrina moral implica a assunção consciente destas responsabilidades intelectuais, espirituais e pastorais. Por isso, os teólogos moralistas, que aceitam o encargo de ensinar a doutrina da Igreja, têm o grave dever de educar os fiéis para o discernimento moral, para o empenho no verdadeiro bem e para o recurso confiante à graça divina.

Se a convergência e os conflitos de opinião podem constituir expressões normais da vida pública, no contexto de uma democracia representativa, a doutrina moral não pode certamente depender do simples respeito por um tal processo; ela, de fato, não é absolutamente estabelecida, seguindo as regras e as formas de uma deliberação de tipo democrático. A discordância, feita de interesseiras contestações e polêmicas através dos meios de comunicação social, é contrária à comunhão eclesial e à reta compreensão da constituição hierárquica do Povo de Deus. Na oposição aos ensinamentos dos Pastores, não se pode reconhecer uma legítima expressão da liberdade cristã nem da diversidade dos dons do Espírito. Neste caso, os Pastores têm o dever de agir em conformidade com a sua missão apostólica, exigindo que seja sempre respeitado o direito dos fiéis de receberem a doutrina católica na sua pureza e integridade: «O teólogo, não esquecendo jamais que também ele é membro do Povo de Deus, deve nutrir-lhe respeito, e esforçar-se por dispensar-lhe um ensinamento que não venha lesar, de modo algum, a doutrina da fé».[177]

As nossas responsabilidades de Pastores

114. A responsabilidade pela fé e pela vida de fé do Povo de Deus pesa de maneira peculiar e precisa sobre os Pastores, como nos lembra o Concílio Vaticano II: «Entre os principais encargos dos Bispos ocupa lugar preeminente a pregação do Evangelho. Os Bispos são os arautos da fé que para Deus conduzem novos discípulos. Dotados da autoridade de Cristo, são doutores autênticos, que pregam ao povo a eles confiado a fé que se deve crer e aplicar na vida prática; ilustrando-a sob a luz do Espírito Santo e tirando do tesouro da revelação coisas novas e velhas (cf. *Mt* 13,52), fazem-no frutificar e solicitamente afastam os erros que ameaçam o seu rebanho (cf. *2Tm* 4,1-4)».[178]

É nosso dever comum e, antes ainda, nossa graça comum, ensinar aos fiéis, como Pastores e Bispos da Igreja, aquilo que os conduz pelo caminho de Deus, tal como fez um diz o Senhor Jesus com o jovem do Evangelho. Ao responder à sua pergunta: «Que devo fazer de bom para alcançar a vida eterna?», Jesus apontou para Deus, Senhor

---

177. CONGREGAÇÃO PARA A DOUTRINA DA FÉ, Instr. sobre a vocação eclesial do teólogo *Donum Veritatis* (24 de Maio de 1990), 11: *AAS* 82 (1990), 1554; cf. em particular os nn. 32-39 dedicados ao problema da discordância: *ibid., l.c.,* 1562-1568.

178. Const. dogm. sobre a Igreja *Lumen Gentium,* 25.

da criação e da Aliança; lembrou os mandamentos morais, já revelados no Antigo Testamento; indicou o seu espírito e radicalidade, convidando a segui-lo na pobreza, na humildade e no amor: «Vem e segue-me!». A verdade desta doutrina teve a sua chancela sobre a Cruz no sangue de Cristo: tornou-se, no Espírito Santo, a nova lei da Igreja e de cada cristão.

Esta «resposta» à questão moral está confiada por Jesus Cristo de um modo particular a nós, Pastores da Igreja, chamados a torná-la objeto do nosso magistério, e, portanto, no cumprimento do nosso *munus propheticum*. Ao mesmo tempo, a nossa responsabilidade de Pastores, quanto à doutrina moral cristã, deve ser atuada também na forma do *munus sacerdotale:* isto realiza-se quando distribuímos aos fiéis os dons da graça e da santificação, como meio para obedecer à lei santa de Deus, e quando, com a nossa assídua e confiante prece, sustentamos os crentes, para que sejam fiéis às exigências da fé e vivam conforme ao Evangelho (cf. *Cl* 1,9-12). A doutrina moral cristã deve constituir, sobretudo hoje, um dos âmbitos privilegiados da nossa vigilância pastoral, do exercício do nosso *munus regale*.

115.   Com efeito, é a primeira vez que o Magistério da Igreja expõe os elementos fundamentais dessa doutrina com uma certa amplitude, e apresenta as razões do discernimento pastoral necessário em situações práticas e culturais complexas e, por vezes, críticas.

À luz da Revelação e do ensinamento constante da Igreja, e especialmente do Concílio Vaticano II, evoquei brevemente os traços essenciais da liberdade, os valores fundamentais relacionados com a dignidade da pessoa e com a verdade dos seus atos, para assim poder reconhecer na obediência à lei moral, uma graça e um sinal da nossa adoção no único Filho (cf. *Ef* 1,4-6). Em particular, com esta Encíclica, são propostas avaliações sobre algumas tendências atuais na teologia moral. Comunico-as agora, em obediência à palavra do Senhor que confiou a Pedro o encargo de confirmar os seus irmãos (cf. *Lc* 22,32), para iluminar e ajudar o nosso discernimento comum.

Cada um de nós conhece a importância da doutrina que representa o núcleo do ensinamento desta Encíclica e que hoje é evocada com a autoridade do Sucessor de Pedro. Cada um de nós pode considerar a gravidade daquilo que está em causa, não só para os indivíduos mas também para a sociedade inteira, na *confirmação da universalidade e da imutabilidade dos mandamentos morais,* e, em particular, daqueles que proíbem sempre e sem exceção os *atos intrinsecamente maus.*

Ao reconhecer tais mandamentos, o coração cristão e a nossa caridade pastoral escutam o apelo daquele que «nos amou primeiro» (*1Jo* 4,19). Deus pede-nos que sejamos santos como ele é santo (cf. Lv 19,2), que sejamos — em Cristo — perfeitos como ele é perfeito (cf. *Mt* 5,48): a exigente firmeza do mandamento baseia-se no inesgotável amor misericordioso de Deus (cf. *Lc* 6,36), e o fim do mandamento é conduzir-nos, com a graça de Cristo, pelo caminho da plenitude da vida própria dos filhos de Deus.

116. Temos o dever, como Bispos, de *vigiar a fim de que a Palavra de Deus seja fielmente ensinada*. Meus Irmãos no Episcopado, faz parte do nosso ministério pastoral vigiar sobre a transmissão fiel deste ensinamento moral e recorrer às medidas oportunas para que os fiéis sejam preservados de toda a doutrina e teoria a ele contrária. Nesta tarefa, todos somos ajudados pelos teólogos; mas, as opiniões teológicas não constituem a regra nem a norma do nosso ensinamento. A autoridade deste deriva, com a assistência do Espírito Santo e na comunhão *cum Petro et sub Petro*, da nossa fidelidade à fé católica recebida dos Apóstolos. Como Bispos, temos a obrigação grave de vigiar *pessoalmente* por que a «sã doutrina» (*1Tm* 1,10) da fé e da moral seja ensinada nas nossas dioceses.

Uma particular responsabilidade se impõe aos Bispos, relativamente às *instituições católicas*. Quer se trate de organismos para a pastoral familiar ou social, quer de instituições dedicadas ao ensino ou aos cuidados sanitários, os Bispos podem erigir e reconhecer estas estruturas e delegar-lhes algumas responsabilidades; mas, nunca ficam dispensados das próprias obrigações. Compete-lhes, em comunhão com a Santa Sé, a tarefa de reconhecer, ou de retirar em casos de grave incoerência, a denominação de «católico» a escolas,[179] universidades,[180] clínicas e serviços sóciosanitários, que se dizem da Igreja.

117.   No coração do cristão, no núcleo mais secreto do homem, sempre ressoa a pergunta que, um dia, o jovem do Evangelho dirigiu a Jesus: «Mestre, que devo fazer de bom para alcançar a vida eterna?» (*Mt* 19,16). É necessário, porém, que cada um a faça ao «bom» Mestre, porque é o único que pode responder na plenitude da verdade, em toda situação e nas mais diversas circunstâncias. E quando os cristãos lhe fazem a pergunta que sai da sua consciência, o Senhor responde com as palavras da Nova Aliança confiadas à sua Igreja. Ora, como diz de si próprio o Apóstolo, nós fomos enviados «a pregar o Evangelho, não, porém, com sabedoria de palavras, para não se desvirtuar a Cruz de Cristo» (*1Cor* 1,17). Por isso, a resposta da Igreja à pergunta do homem tem a sabedoria e a força de Cristo crucificado, a Verdade que se dá.

Quando os homens põem à Igreja as perguntas da sua consciência, quando na Igreja os fiéis se dirigem aos Bispos e aos Pastores, *na resposta da Igreja está a voz de Jesus Cristo, a voz da verdade acerca do bem e do mal.* Mediante a palavra pronunciada pela Igreja, ressoa no íntimo das pesoas a voz de Deus, que «só é bom» (*Mt* 19,17), que só «é amor» (*1Jo* 4,8.16).

179. Cf. *C.I.C.*, cân. 803, 3.
180. Cf. *C.I.C.*, cân. 808.

Na unção do Espírito, esta palavra doce e exigente torna-se luz e vida para o homem. É ainda o apóstolo Paulo a convidar-nos à confiança, porque «a nossa capacidade vem de Deus. Ele é que nos fez capazes de sermos ministros de uma Nova Aliança, não da letra, mas do Espírito (...) O Senhor é espírito e onde está o Espírito do Senhor há liberdade. E todos nós, com o rosto descoberto, refletindo a glória de Senhor, como um espelho, somos transformados de glória em glória, nessa mesma imagem, sempre mais resplandecente, pela ação do Espírito do Senhor» (*2Cor* 3,5 -6. 17-18).

CONCLUSÃO

Maria, Mãe de misericórdia

118. No final destas considerações, confiamos nós mesmos, os sofrimentos e as alegrias da nossa existência, a vida moral dos crentes e dos homens de boa vontade, as pesquisas dos estudiosos de moral a Maria, Mãe de Deus e Mãe de misericórdia.

Maria é Mãe de misericórdia, porque Jesus Cristo, seu Filho, foi mandado pelo Pai como Revelação da misericórdia de Deus (cf. *Jo* 3,16-18). Ele não veio para condenar mas para perdoar, para usar de misericórdia (cf. *Mt* 9,13). E a misericórdia maior está no seu habitar entre nós e na chamada que nos é feita para o encontrar e confessar, juntamente com Pedro, como «o Filho do Deus vivo» (*Mt* 16,16). Nenhum pecado do homem pode cancelar a misericórdia de Deus, pode impedi-la de expandir toda a sua força vitoriosa, logo que a invocamos. Antes, o mesmo pecado faz resplandecer ainda mais o amor do Pai que, para resgatar o escravo, sacrificou o seu Filho:[181] a sua misericórdia por nós é redenção. Esta misericórdia chega à sua plenitude com o dom do Espírito, que gera e exige a vida nova. Por mais numerosos e grandes que sejam os obstáculos postos pela fragilidade e pelo pecado do homem, o Espírito, que

---

181. «O inaestimabilis dilectio caritatis: ut servum redimeres, Filium tradidisti»: *Missale Romanum, In Resurrectione Domini, Praeconium paschale.*

renova a face da terra (cf. Sl 103/104,30), torna possível o milagre do cumprimento perfeito do bem. Esta renovação, que dá a capacidade de fazer o que é bom, nobre, belo, agradável a Deus e conforme à sua vontade, é em certo sentido o florescimento do dom da misericórdia, que liberta da escravidão do mal e dá a força de não mais pecar. Pelo dom da vida nova, Jesus torna-nos participantes do seu amor e nos conduz ao Pai no Espírito.

119.   Esta é a consoladora certeza da fé cristã, à qual se deve a sua profunda humanidade e a sua *extraordinária simplicidade*. Por vezes, nas discussões sobre os novos e complexos problemas morais, pode parecer que a moral cristã seja em si própria demasiado difícil, árdua para se compreender e quase impossível de praticar. Isto é falso, porque ela, em termos de simplicidade evangélica, consiste em *seguir Jesus Cristo*, abandonar-se a ele, deixar-se transformar pela sua graça e renovar pela sua misericórdia, que nos vem da vida de comunhão da sua Igreja. «Quem quiser viver — recorda-nos S. Agostinho —, tem onde viver, tem donde viver. Aproxime-se, creia, deixe-se incorporar para ser vivificado. Não abandone a companhia dos membros».[182] Portanto, todo homem pode compreender, com a luz do Espírito, a essência vital da moral cristã, inclusive o menos dotado, antes e sobretudo quem sabe conservar um «coração simples» (Sl 85/86,11). Por outro lado, esta

182. *In Iohannis Evangelium Tractatus*, 26, 13: *CCL*, 36, 266.

simplicidade evangélica não dispensa de enfrentar a complexidade da situação, mas pode introduzir na sua compreensão mais verdadeira, porque o seguimento de Cristo porá progressivamente a descoberto as características da autêntica moralidade cristã e dará, ao mesmo tempo, a energia vital para a sua realização. É tarefa do Magistério da Igreja vigiar a fim de que o dinamismo do seguimento de Cristo se desenvolva organicameme, sem deixar que lhe sejam falseadas ou ocultadas as exigências morais com todas as suas conseqüências. Quem ama Cristo observa os seus mandamentos (cf. *Jo* 14,15).

120.   Maria é Mãe de misericórdia também, porque a ela Jesus confia a sua Igreja e a humanidade inteira. Aos pés da Cruz, quando aceita João como filho, quando pede ao Pai, juntamente com Cristo, o perdão para aqueles que não sabem o que fazem (cf. *Lc* 23,34), Maria, em perfeita docilidade ao Espírito, experimenta a riqueza e a universalidade do amor de Deus, que lhe dilata o coração e a torna capaz de abraçar todo o gênero humano. Deste modo, é feita Mãe de todos e cada um de nós, Mãe que nos alcança a misericórdia divina.

Maria é sinal luminoso e exemplo fascinante de vida moral: «já a sua vida é ensinamento para todos», escreve S. Ambrósio,[183] que, dirigindo-se especialmente às virgens mas num horizonte aberto a todos, assim afirma: «O primeiro ardente de-

183. *De Virginibus,* liv. II, cap. II, 15: *PL* 16, 222.

sejo de aprender dá-o a nobreza do mestre. E quem é mais nobre do que a Mãe de Deus? Ou mais esplêndida do que aquela que foi eleita pelo próprio Esplendor?».[184] Maria vive e realiza a própria liberdade, doando-se ela mesma a Deus e acolhendo em si o dom de Deus. Guarda no seu seio virginal o Filho de Deus feito homem até o momento do seu nascimento, educa-o, fá-lo crescer e acompanha-o naquele gesto supremo de liberdade que é o sacrifício total da própria vida. Com o dom de si mesma, Maria entra plenamente no desígnio de Deus, que se dá ao mundo. Ao acolher e meditar no seu coração acontecimentos que nem sempre compreende (cf. *Lc* 2,19), torna-se o modelo de todos aqueles que escutam a palavra de Deus e a praticam (cf. *Lc* 11,28) e merece o título de «Sede da Sabedoria». Esta Sabedoria é o próprio Jesus Cristo, o Verbo eterno de Deus, que revela e cumpre perfeitamente a vontade do Pai (cf. *Hb* 10,5-10). Maria convida cada homem a acolher esta Sabedoria. Também a nós dirige a ordem dada aos servos, em Caná da Galiléia durante o banquete de núpcias: «Fazei o que ele vos disser» (*Jo* 2,5).

Maria compartilha a nossa condição humana, mas numa total transparência à graça de Deus. Não tendo conhecido o pecado, ela é capaz todavia de se compadecer de qualquer fraqueza. Compreende o homem pecador e ama-o com amor de Mãe. Precisamente por isso, está do lado da verdade e compartilha o peso da Igreja, ao recordar a todos

184. *Ibid.*, liv. II, cap. II, 7: *PL* 16, 220.

e sempre as exigências morais. Pelo mesmo motivo, não aceita que o homem pecador seja enganado por quem pretendesse amá-lo justificando o seu pecado, pois sabe que desta forma tornar-se-ia vão o sacrifício de Cristo, seu Filho. Nenhuma absolvição, oferecida por condescendentes doutrinas até mesmo filosóficas ou teológicas, pode tornar o homem verdadeiramente feliz: só a Cruz e a glória de Cristo ressuscitado pode dar paz à sua consciência e salvação à sua vida.

Ó Maria,
Mãe de misericórdia,
velai sobre todos
para não se desvirtuar a Cruz de Cristo,
para que o homem não se extravie
do caminho do bem,
nem perca a consciência do pecado,
mas cresça na esperança em Deus
«rico de misericórdia» (*Ef* 2,4),
cumpra livremente as boas obras
por ele de antemão preparadas (cf. *Ef* 2,10)
e toda a sua vida seja assim
«para louvor da sua glória» (*Ef* 1,12).

Dado em Roma, junto de S. Pedro, no dia 6 de agosto, festa da Transfiguração do Senhor, do ano de 1993, décimo quinto do meu Pontificado.

Joannes Paulus II

Í N D I C E

INTRODUÇÃO 5

Jesus Cristo, luz verdadeira
    que a todo o homem ilumina [nn. 1-3] 5

O objeto da presente Encíclica [nn. 4-5] 9

CAPÍTULO I

«MESTRE, QUE DEVO FAZER DE BOM...?»
(*Mt* 19,16)

Jesus Cristo e a resposta à questão moral

«Aproximou-se dele um jovem...» (*Mt* 19,16) [nn. 6-7] ... 15

«Mestre, que devo fazer de bom
    para alcançar a vida eterna?» (*Mt* 19,16) [n. 8] 17

«Um só é bom» (*Mt* 19,17) [nn. 9-11] 19

«Se queres entrar na vida eterna,
    cumpre os mandamentos» (*Mt* 19,17) [nn. 12-15] 23

«Se queres ser perfeito» (*Mt* 19,21) [nn. 16-18] 30

«Vem e segue-me» (*Mt* 19,21) [nn. 19-21] 35

«A Deus tudo é possível» (*Mt* 19,26) [nn. 22-24] 39

«Eu estarei sempre convosco,
    até ao fim do mundo» (*Mt* 28,20) [nn. 25-27] 44

CAPÍTULO II

«NÃO VOS CONFORMEIS
COM A MENTALIDADE DESTE MUNDO»
(*Rm* 12,2)

*A Igreja e o discernimento de algumas tendências
da teologia moral hodierna*

Ensinar o que é conforme à sã doutrina (cf. *Tt* 2,1) [nn. 28-30]	49
«Conhecereis a verdade e a verdade vos tornará livres» (*Jo* 8,32) [nn. 31-34]	54
I. A LIBERDADE E A LEI	59
«Não comas da árvore da ciência do bem e do mal» (*Gn* 2,17) [nn. 35-37]	59
Deus quis deixar o homem «entregue à sua própria decisão» (*Eclo* 15,14) [nn. 38-41]	64
Feliz o homem que põe o seu enlevo na lei do Senhor (cf. *Sl* 1,1-2) [nn. 42-45]	68
«O que a lei ordena está escrito nos seus corações (*Rm* 2,15) [nn. 46-50]	75
«Mas, desde o princípio, não foi assim» (*Mt* 19,8) [nn. 51-53]	83
II. A CONSCIÊNCIA E A VERDADE	89
O santuário do homem [nn. 54-56]	89
O juízo da consciência [nn. 57-61]	92
Procurar a verdade e o bem [nn. 62-64]	97

III. A OPÇÃO FUNDAMENTAL
    E OS COMPORTAMENTOS CONCRETOS 102

«Não tomeis, porém, a liberdade, como pretexto
    para servir a carne» (Gl 5,13) [nn. 65-68] 102

Pecado mortal e venial [nn. 69-70] 109

IV. O ATO MORAL 112

Teleologia e teleologismo [nn. 71-75] 112

O objeto do ato deliberado [nn. 76-78] 121

O «mal intrínseco»: não é lícito praticar o mal
    para se conseguir o bem (cf. Rm 3,8) [nn. 79-83] 126

CAPITULO III

«PARA NÃO SE DESVIRTUAR
A CRUZ DE CRISTO» (1 Cor 1,17)

O bem moral para a vida da Igreja e do mundo

«Cristo nos libertou, para que
    permaneçamos livres» (Gl 5,1) [nn. 84-87] 133

Caminhar na luz (cf. 1Jo 1,7) [nn. 88-89] 139

O martírio, exaltação da santidade inviolável
    da lei de Deus [nn. 90-94] 142

As normas morais universais e imutáveis a serviço
    da pessoa e da sociedade [nn. 95-97] 148

A moral e a renovação da vida social
    e política [nn. 98-101] 152

Graça e obediência à lei de Deus [nn. 102-105] 157

Moral e nova evangelização [nn. 106-108] 163

O serviço dos teólogos moralistas [nn. 109-113] 167

As nossas responsabilidades
de Pastores [nn. 114-117] 175

CONCLUSÃO 181

Maria, Mãe de misericórdia [nn. 118-120] 181

Rua Dona Inácia Uchoa, 62
04110-020 – São Paulo – SP (Brasil)
Tel.: (11) 2125-3500
paulinas.com.br – editora@paulinas.com.br
Telemarketing e SAC: 0800-7010081